회복력 수업

매 순간 넘어져도 기꺼이 일어나기 위하여

회복력 수업

류페이쉬안 지음 | 이지수 옮김

갤리온
GALLEON

프롤로그
우리에게는 회복의 시간이 필요합니다

이 책을 쓰기 시작했을 때는 2020년 6월이다. 대만에서는 6월이 졸업 시즌이다. 사회에 첫발을 내디딘다는 흥분과 걱정으로 가득 찬 시기다. 이제 막 학교를 떠난 사회 초년생들의 머릿속은 앞으로 펼쳐질 아름다운 미래에 대한 상상으로 가득 차 있고, 그들은 인생이 자신이 계획한 대로 흘러가리라 기대한다.

하지만 안타깝게도 인생이란 결코 그렇지 않다. 학교에서 우리에게 가르쳐주지 않는 것이 있다면 그건 모든 일이 내가 계획한 대로 이루어지지 않고, 인생의 많은 일을 내 손으로 통제할 수 없다는 사실이다. 우리는 언제든 실패할 수 있고, 상처받을 수 있고, 실망할 수 있고, 원치 않는 이별과 질병을 마주할 수 있으며, 수많은 불확실성 앞에 놓여 있다. 살면서 갑작스럽게 발생한 일들은 순식간에 인생을 송두리째 흔들어놓거나 파괴한다.

한편 이런 일들이 발생했을 때 어떻게 반응하고 이를 통해 무엇을 배우느냐가 앞으로 당신이 어떤 사람이 될 것인지 결정한다.

2020년 새로운 바이러스의 출현으로 발생한 팬데믹은 수많은 사람의 세계를 뒤흔들어놓았다. 지난 6월, 미국의 심리학자이자 교수인 브레네 브라운 박사의 졸업 연설 영상을 보게 되었다. 그날 연설의 주제는 넘어지는 것을 두려워하지 말라는 것이었다.

브라운 교수는 인생이 우리가 계획하고 예측한 시간표대로 흘러가지 않으므로 중요한 건 '일어나서 다시 시작하는' 능력이라고 말했다. 다시 말해 실패하거나 예상치 못한 일이 생겨 넘어졌을 때 일어나 다시 시작할 수 있어야 한다는 의미다.

브레네 브라운은 세계적으로 저명한 학자이자 다수의 베스트셀러를 출간한 유명 작가다. 그녀의 책은 다수의 언어로 번역되었고 그녀의 테드TED 강연 '취약하다는 것의 힘'은 오래도록 회자되는 영상 중 하나다.

현재 누가 봐도 굉장히 성공한 삶을 살고 있는 브라운은 졸업 연설에서 자신이 그동안 살면서 겪었던 여러 실패 경험을 허심탄회하게 이야기했다. 그녀는 고등학교를 졸업하고 텍사스 주립대학교 오스틴 캠퍼스에 입학했으나 집안에 갑작스러운 변고가 생겼다. 결국 그녀가 계획한 삶은 완전히 궤도를 이탈해버렸다. 당시 그녀는 생계를 위해 닥치는 대로 일을 해야 했다. 남의 집에서 가정부 생활도 하고 식당 웨이트리스와 바텐더로 일하기도 했으며 통신 회사에서 오래 일하기도 했다. 그녀가 다시 학교로 돌아가려고 했을 때는 이전 성적이 너무 낮았기 때문에 먼저 커뮤니티칼리지에 가서 학점을 보충해야 했다. 이후 박사 과정을 마치고 책을 한 권 썼지만 그녀의 원고를 출판해주겠다는 출판사는 한 곳도 없었다.

이러한 경험들은 사람들이 흔히 생각하는 '성공의 탄탄대로'는 아니다. 브라운은 넘어지면 일어나 다시 시작하는 것, 이것이 바로 자신의 인생 리듬이라고 말한다.

당신의 인생에도 분명 당신만의 리듬이 있을 것이다. 순탄한 길이든 험난한 길이든 모두 인생의 일부분이다. 아마도 많은 사람이 팬데믹을 겪으면서 갖가지 걸림돌에 부딪혀 넘어졌으리라 생각한다. 가볍게 넘어진 사람도 있고, 심하게 넘어져 큰 상처를 입은 사람도 있을 것이다. 빠르고 격렬하게 전 세계를 덮친 재난으로 인해 누군가는 소중한 일자리를, 누군가는 힘들게 세운 회사를, 누군가는 건강을, 누군가는 사랑하는 친구를, 누군가는 자존감을, 누군가는 인생의 계획을, 누군가는 평범한 일상을, 누군가는 미래에 대한 꿈을, 누군가는 세상에 대한 믿음을 잃어버렸다. 이처럼 우리는 저마다의 이유로 인생의 길 위에 넘어져 있다. 그럼 이제 어떻게 해야 할까?

또다시 넘어질 수 있다는
사실을 받아들이기

•

심리상담을 하다 보면 상처, 상실감, 그리고 여러 가지 고통으로 몸부림치는 사람들의 이야기를 많이 듣는다. 그런데 고통스러운 상황에서도 점점 나아지는 사람들의 사례에서 공통적으로 보이는 특징이 하나 있다. 그것은 바로 '끈기'다. 그들은 인생의 길 위에서 넘어졌지만 다시 일어나 앞으로 계속 걸어갔고, 끈기는 내게 큰 감동을 줬다.

이번 팬데믹을 겪으면서 나는 인류가 보여준 끈기에 정말 감탄했다. 팬데믹은 인류에게 큰 충격을 안겨줬지만 세상에는 여전히 자신의 삶을 열심히 살아내는 사람들이 정말 많다. 실패, 슬픔, 고통 속에서도 또 하루를 살아간다. 내가 이 책을 쓰기로 결심한 이유도 바로 이러한 인류의 아름다운 끈기와 강한 생명력 때문이었다.

왜 어떤 사람들은 살면서 실패를 경험하면 그대로 주저앉아버리고, 어떤 사람들은 계속 앞으로 나아갈 수 있는 걸까? 심리학에서는 '회복력'을 한 사람이 역경 속에서 다시 원래의 상태로 돌아오는 능력이라고 정의한다. 브라운 교수가 졸업 연설에서 이야기하고자 한 것도 바로 회복력이다. 일어나, 다시 시작하는 힘을 키워야 한다고 말이다.

물론 회복력은 한 사람의 성장 배경과 그가 가진 자원에 따라 만들어지는 것이지만 한 가지 좋은 소식은 회복력은 타고나는 것이 아니라 후천적으로 기를 수 있는 능력이라는 것이다. 다시 말해 누구라도 지금부터 회복력을 충분히 키울 수 있다.

브라운 교수는 일어나 다시 시작할 수 있는 비결은 바로 '취약성'에 있다고 말한다. 일반적으로 사람들은 '취약'이라는 단어를 들으면 연약하고 부정적인 의미를 먼저 떠올린다. 그러나 연구 측면에서 '취약'이라는 단어에는 불확실성, 리스크 감당, 감정의 대면이라는 또 다른 정의가 있다. 자신의 취약성을 기꺼이 인정한다는 건 결과를 알 수 없는 상황에서도 어떤 일에 과감히 뛰어들어 도전하고 자신의 마음을 솔직히 표현하며 이 과정에서 생길 수 있는 여러 가지 감정들을 처리할 수 있다는 것이다.

'일어나서 다시 시작하는 것'은 결국 자신의 취약성을 인정하는 것이다. 일어서서 다시 시작한다는 건 언젠가 또다시 넘어질 수 있다는 사실을 받아들이는 것이기 때문이다.

자신의 취약성을 기꺼이 인정하는 사람은 진정한 용기를

가진 사람이다. 그러므로 일어나서 다시 시작하는 것은 굉장히 용기 있는 일이다.

모든 실패는 회복력을
키울 수 있는 좋은 기회

•

인생에서 단 하나 확실한 일은 모든 건 언제든 변할 수 있다는 사실이다. 팬데믹이 아니더라도 인생은 원래 뜻하지 않은 사고와 상실, 상처, 고통, 실패로 가득하다. 우리가 할 수 있는 일은 이런 일들이 발생했을 때 대처하는 방법을 익히는 것이다.

회복력이란 추락할 때 고통, 허탈감, 실망 등을 느끼지 않도록 하는 것이 아니다. 반대로 이러한 감정들을 그대로 받아들이고 실패의 경험 속에서 배울 점을 찾아 이러한 새로운 지식과 깨달음을 안고 일어나 다시 시작할 수 있는 힘을 의미한다.

회복력을 키우기 위해 대단한 일을 해야 하는 건 아니다. 회복력은 일상의 작은 실천으로도 쉽게 키울 수 있다. 감정을 처리하고 생각을 마주하며 컨디션을 조절하는 것으로, 또 내면을 들여다보고 자신의 소리에 귀 기울이며 두려움을 직시하는 것으로 키울 수 있고, 자신의 취약성을 인정하고 내 진짜 모습을 찾아 다른 사람들과 진심으로 소통하는 과정에서 조금씩 쌓여

간다.

　인류에게 찾아온 팬데믹은 온 세상을 상실과 고통으로 가득 채웠다. 그러나 동시에 이 세상에 충만한 회복력을 발견하는 계기가 되기도 했다.

　우리가 경험하는 모든 실패는 회복력을 키울 수 있는 좋은 기회다. 내가 이 책을 쓰기로 결심한 이유도 사람들이 실패의 경험에서 교훈을 얻고 성장해 회복력을 키울 수 있도록 도움을 주고 싶어서다.

　지금 어디에 서 있든, 어디에 넘어져 있든 바로 그곳에서 시작해보자!

차례

Part 1

무너진 마음에 건네는 심리학

우리는 수시로 마음을 다친다

몇 달 전, 페이스북의 최고운영책임자 셰릴 샌드버그의 책 『옵션 B』를 읽었다. 2015년 함께 휴가를 즐기던 샌드버그의 남편이 헬스장에서 갑작스럽게 세상을 떠나면서 그녀는 감당하기 힘든 슬픔에 빠졌다. 그 슬픔의 무게가 내 마음속까지 고스란히 전달되는 것 같았다. 사랑하는 배우자가 갑작스럽게 세상을 떠난다는 것이 과연 얼마나 큰 아픔일지 생각해봤다. 그 일이 일어난 후 순탄하기만 하던 샌드버그의 세상은 산산조각이 났고, 그녀는 다시 원래 세상으로 돌아갈 수 없게 되었다.

살다 보면 이처럼 인생에 갑작스러운 변화가 찾아오기도 한다. 이러한 일들은 나에게 익숙했던 세상을 완전히 부숴버리고 과거의 익숙한 세상 속에 살던 나 자신마저 사라지게 만든다.

『옵션 B』에는 아주 인상 깊은 대화가 나온다. 남편이 세상을 떠나고 얼마 후, 아이들이 다니는 학교에서 아빠가 참석해야 하는 행사가 열렸다. 한 친구가 자신이 대신 가주겠다고 말하자 샌드버그는 울면서 말했다.

"하지만 내가 원하는 건 남편이 함께 가는 거야…."

친구가 대답했다.

"이제 옵션 A는 존재하지 않아. 그러니 옵션 B를 선택하는 것에서부터 시작해보자."

인생에 옵션 B만 남았다면

•

내가 이 책을 쓰게 된 계기는 2020년에 전 세계를 강타한 팬데믹 때문이다. 팬데믹은 원래 우리에게 익숙했던 세상을 파괴하고 인생의 옵션 A를 사라지게 만들었다. 샌드버그는 한 인터뷰에서 이렇게 말했다.

"이제 많은 사람들의 인생에 옵션 B만이 남았을 겁니다."

전염병이 유행하기 시작하면서 기존에 갖고 있던 옵션 A를 잃어버린 사람들을 많이 볼 수 있었다. 누군가는 회사에서 해고를 당하기도 하고, 강제로 무급 휴가에 들어가기도 하고, 어렵게 세운 회사가 경영난으로 파산하기도 했다. 여행 계획이 전부 취소되고, 결혼식도 제대로 올릴 수 없었으며, 고대하던 여러 행사도 줄줄이 취소되었다. 한창 면접이 진행 중이던 회사에서 채용이 중단되고, 취업에 성공했던 회사에서 합격 취소 통보를 받는 경우도 생겼다. 안 그래도 힘든 취준생들은 취업이 더 힘들어졌고 불안과 스트레스도 가중되었다. 학교와 보육 기관이 문을 닫고, 어른들은 재택 근무를 하느라 매일 온 가족이 집에 붙어 있다 보니 전에 없던 갈등이 생겼다. 식당이나 가게에는 종일 손님 하나 없이 파리만 날리고 있다. 자신과 가족들의 건강도 염려가 되고, 특히 집안에 나이 많은 어르신이 있으면 절대 안심할 수 없다. 가족이 세상을 떠났는데 팬데믹 때문에 해외에 있어 임종을 지키지 못한 사람도 있다. 사무실에서 마스크를 쓰지 않거나 거리 두기를 실천하지 않는 사람들에게 화가 나고, 누군가 기침을 하거나 재채기만 해도 신경이 곤두선다.

이 모든 것이 이번 팬데믹 기간 동안 많은 사람이 직접 경험하고 느낀 일들이다. 아마 읽으면서 많이 공감했으리라 생각한다. 물론 저마다의 사정은 모두 다르겠지만 사람들의 경험에서 비슷한 점들이 많이 보인다.

당신은 어떠한가? 인생에서 옵션 A가 갑자기 사라진 순간을 기억하는가? 그때 무슨 일이 있었는가? 부디 시간을 내어 당신이 그동안 경험한 일들을 찬찬히 적어보기를 바란다.

마음의 상처에 대처하는 법

•

이제 적어놓은 일들을 한번 읽어보자. 옵션 A가 사라지고 실패와 곤경에 직면했을 때 당신은 어떻게 대처했는가? 당시에 어떤 감정과 생각을 갖고 있었는가? 그러한 감정을 어떻게 처리했는가? 그런 일들이 있을 때 혼자서 대처했는가, 누군가에게 털어놓았는가? 아니면 다른 사람에게 도움을 요청했는가? 그런 일들이 당신을 어떻게 변화시켰고, 무엇을 배웠는가?

어렸을 때부터 지금까지 실패하고 좌절했던 경험들을 돌이켜보면서 나 자신이 그동안 많이 변했다는 사실을 깨달았다. 심리상담 분야에 입문하기 전에는 문제가 생기면 혼자서 대처하는 습관이 있었다. 곤경에 빠지거나 실패하면 모두 다 내 탓인 것만 같아 창피하게 느껴졌고, 그래서 다른 사람들에게 털어놓거나 도움을 요청하기가 어려웠다.

그러다 심리상담을 공부하기 시작한 이후 문득 중요한 사실을 깨달았다. 그건 내가 지금껏 마음의 상처를 치유하는 법에 관해서는 한 번도 배운 적이 없다는 것이었다. 우리 사회는 몸의 아픔과 마음의 아픔을 대하는 태도가 극명하게 다르다. 만약 길을 걷다가 넘어져 무릎이 까졌다고 치자. 당신은 당연히 무릎이 아프다고 느낀다. 하지만 이때 속으로 '무릎이 까져서 아픈 건 정상일까?' 하는 의문을 품거나 '무릎이 까졌다고 어떻게 아플 수 있니? 정말 한심해!' 하고 자신을 탓하지는 않을 것이다. 대신 얼른 상처를 소독한 다음 약을 바르고 반창고를 붙인다. 그리고 만약 상처가 더 악화되면 병원에 찾아갈 것이다. 어려서부터 몸이 다치면 이렇게 해야 한다고 배웠기 때문이다.

이처럼 우리는 몸에 상처가 났을 때 대처 방법에 대해서는 잘 알고 있다. 하지만 마음에 상처를 입었을 때는 어떻게 대처해야 하는지 어디서도 배우지 못했다.

몸이 다치거나 병에 걸리는 것처럼 마음도 상처를 입을 수 있다. 실패하고, 실망하고, 거절당하고, 배신당하고, 상실을 경험하는 것 모두 마음이 입는 상처다. 마음이 다치고 상처를 입는 것은 아주 정상적인 일이다. 그런데 이에 대해 자책하거나 의심하거나 부끄럽게 여기는 사람들이 많다. '나는 왜 이런 작은 일에 힘들어하는 걸까?', '내가 너무 예민하게 반응하는 걸까?', '나는 왜 이렇게 나약한 걸까?' 마음에 상처를 입었을 때 이렇게 대처하는 것은 칼을 들고 상처를 계속 후벼 파는 것이나 마찬가지다. 그럼 상처는 아물지 못하고 더 심해진다. 나 역시 예전에는 이런 방식으로 마음의 상처에 대처했다. 그리고 아마도 여전히 많은 사람이 이런 방식으로 마음의 상처를 다루고 있으리라 생각한다.

심리상담가가 되기 위해 교육을 받으면서 나는 자신을 끊임없이 탐색하는 연습을 했다. 이를 통해 나는 한층 더 성장했다. 그리고 무엇보다 마음의 상처에 예전과는 다른 방식으로 대처하는 법을 배웠다. 또한 회복력에 관한 방대한 자료들을 찾아보면서 내가 나 자신을 탐색하고 성장시키는 과정이 회복력을 키우는 데 큰 도움을 줬다는 사실을 깨달았다.

나에게 회복력이란 마음의 상처를 치료하는 능력이다. 회복력이 좋다는 것은 상처를 받지 않는다는 의미가 아니다. 회복력이 아무리 높아도 마음의 상처를 받을 수 있고, 상처를 받았을 때 괴롭고 아픈 건 마찬가지다. 하지만 회복력이 좋은 사람은 상처를 모른 척하거나 방치하지 않는다. 오히려 상처를 자세히 들여다보고 세심하게 돌본다. 소독하고 반창고도 붙이고 상처가 회복될 수 있도록 시간을 들여 살핀다. 상처가 회복된 다음 일어나 다시 시작하는 것, 이것이 바로 회복력이다.

인생은 원래 예기치 못한 사건과 변화들로 가득하다. 그러니 때때로 마음이 다칠 수 있다. 우리가 해야 할 일은 마음에 상처를 입었을 때 올바로 대처할 수 있도록 회복력을 키우는 것이다.

회복력은 언제나 당신의 마음속에 있다

인생의 큰 실패나 좌절을 겪고도 가볍게 털어내고 앞으로 나아가는 사람을 보고 부러워해본 적이 있는가? 이들은 회복력이 남다른 사람들이다. 회복력이 높은 사람들은 어떤 모습일까? 회복력은 대체 어떻게 키울 수 있는 걸까?

자, 그렇다면 당신이 생각하는 회복력은 무엇인지를 먼저 생각해보자. '회복력'이라는 단어를 들었을 때 생각나는 특징이나 단어는 무엇인가? 지금 종이를 꺼내 떠오르는 단어들을 한번 적어보자.

이 책을 쓰면서 출판사 직원들에게도 같은 내용을 적어 달라고 부탁했다. 그때 직원들이 적은 단어는 **상처**, 실패, **좌절**, **딱지**, 치유, 시각, 생각의 전환, 긍정적 사고, **분발**, 새 출발, 기사회생, 용기, **침착함**, 과정, 시간, 믿음, 기대, 희망, 온기, 도움 등이었다. 모두

우리는 몸에 상처가 났을 때
대처 방법에 대해서는 잘 알고 있다.
하지만 마음에 상처를 입었을 때는
어떻게 대처해야 하는지 어디서도 배우지 못했다.

회복력의 여러 가지 특징을 보여주는 중요한 단어들이다.

먼저 **상처, 실패, 좌절**이라는 단어를 살펴보자. 인생을 살면서 누구나 수많은 아픔을 경험한다. 그런데 모든 실패와 좌절은 사실 회복력을 키울 수 있는 좋은 기회이기도 하다. 회복력을 키우려면 근육을 단련할 때처럼 적절한 압력과 저항이 필요하기 때문이다.

다음은 **딱지, 치유**다. 마음이 다쳤을 때는 우선 상처가 회복될 수 있는 환경을 만들어줘야 한다. 여기에는 모든 감정이 자리 잡을 수 있는 공간을 마련해주고 나 자신을 있는 그대로 받아들이는 노력 등이 포함된다.

이어서 **시각, 생각의 전환, 긍정적 사고**를 살펴보자. 이 단어들은 회복력의 아주 중요한 특징을 보여준다. 우리는 실패와 좌절을 어떻게 바라봐야 할까? 또 어떻게 하면 역경을 통해 좋은 교훈을 얻을 수 있을까?

다음으로는 **새 출발, 기사회생, 용기**다. 회복력은 다시 새롭게 시작할 수 있는 능력이고, 기존의 계획을 실행할 수 없다면 새로운 방법을 시도해볼 수 있다. 모든 새로운 시작은 용기 없이는 불가능하다.

침착함, 과정, 시간은 내가 굉장히 좋아하는 단어들이다. 회복과 성장에는 빠른 지름길이 없으며 시간과 공을 들여 자신의 내면으로 들어가는 과정이 필요하다는 걸 설명해준다.

믿음, 기대, 희망 역시 중요한 키워드다. 앞이 보이지 않는 캄캄한 터널 속에서도 믿음과 희망을 안고 앞으로 나아가다 보면 언젠가 밝은 빛을 만나게 된다.

마지막으로 **온기, 도움**이라는 단어도 매우 중요하다. 사람들이 회복력을 떠올리면서 가장 많이 하는 생각은 '내가 어떻게 하면 좋을까?'다. 그러나 사람은 원래 무리를 이루어 함께 살아가는 동물이므로 아무리 높은 회복력을 가진 사람도 기대고 의지할 수 있는 다른 누군가가 반드시 필요하다. 이처럼 사람과 사람의 연대는 회복력의 중요한 기반이다.

이제 당신이 종이에 적은 단어들을 보면서 위에서 설명한 단어들과 비슷한 것이 있는지 비교해보기 바란다.

회복력의 6가지 요소

●

그럼 이제 회복력의 학술적인 정의를 한번 살펴보자. 회복력을 정의하는 방식은 여러 가지지만 대체로 의미하는 바는 '적응 방식의 변화를 통해 역경에서 다시 튀어 오르는 능력, 또한 역경과 도전을 통해 성장하는 힘'이다. 회복력의 정의 외에도 학자들은 회복력이 높은 사람들의 특징은 무엇인지, 회복력을 키울 수 있는 방법은 무엇인지에 관해서도 자세히 연구했다.

펜실베이니아대학 긍정심리학 센터에서는 20년 넘게 회복력에 관한 연구를 진행했다. 이러한 연구 성과를 바탕으로 교육과정을 만들어 수많은 기업 종사자, 정부 관계자, 군인, 의료진들이 회복력을 키울 수 있도록 도왔다.

그들은 이러한 교육과정을 통해서 사람들에게 회복력의 6가지 요소, 즉 자기 인식Self-Awareness, 자기 조절Self-Regulation, 정신적 민첩성Mental Agility, 낙관주의Optimism, 자기 효능Self-Efficacy, 유대감Connection에 대해 가르쳤다.

먼저 이 6가지 단어가 무슨 뜻일까 추측해보자. 그런 다음 아래의 설명을 읽으면서 실패하고 좌절했을 때 이 6가지 요소들을 어떻게 적용하고 활용했는지 떠올려보기를 바란다.

1 자기 인식

자기 인식은 자신의 감정, 생각, 반응을 인식하는 능력이다. 당신은 하루에 몇 번이나 하던 일을 잠시 멈추고 자신의 내면에서 무슨 일이 일어나고 있는지 살펴보는가? 자신이 어떤 감정을 느끼고 있는지 구분할 수 있는가? 각각의 감정에 이름을 붙일 수 있는가? 지금 어떤 생각을 하고 있고 이러한 생각이 자신에게 어떤 영향을 미치고 있는지 인식하고 있는가? 몸에 느껴지는 감각 혹은 반응을 구분할 수 있는가?

2   자기 조절

자기 조절은 자신의 감정, 생각, 스트레스를 어떻게 조절해야 하는지 아는 것이다. 즉 어떤 감정이 불쑥 올라왔을 때 감정에 휘둘리거나 얽매이지 않고 그것을 있는 그대로 받아들이고 처리할 수 있는 능력이다. 또한 자신의 몸의 변화를 자세히 살펴서 조절하고 신경계통의 안정을 돕는 능력이기도 하다.

3   정신적 민첩성

정신적 민첩성이란 경직된 사고방식에서 벗어나 다양한 관점으로 바라보거나 남다른 사고방식으로 생각하는 능력을 의미한다. 당신은 각종 스트레스와 실패에 직면했을 때 또 다른 각도에서 문제를 바라볼 수 있는가? 실패를 '내가 부족한 탓'으로만 생각하는가, 아니면 중요한 교훈을 얻을 수 있는 기회로 생각하는가? 기존의 방법이 더 이상 효과가 없을 때 다른 해결 방법을 제시할 수 있는가?

4   낙관주의

낙관주의는 더 나은 미래에 대한 믿음뿐만 아니라 스트

레스를 바라보는 방식과도 관련이 있다. 당신은 스트레스를 '극복할 수 있는 도전'으로 생각하는가, 아니면 '나에 대한 위협'으로 생각하는가? 만약 스트레스를 도전으로 생각한다면 극복할 수 있는 방법을 찾아낼 수 있지만 스트레스를 위협으로 생각한다면 그저 도망가고 싶을 것이다. 낙관주의는 우리가 통제할 수 없는 상황을 받아들이고 스스로 통제할 수 있는 일에 힘을 쏟아 변화할 수 있는 능력을 의미하기도 한다.

5 자기 효능

자기 효능은 스스로 할 수 있고, 설정한 목표를 달성할 수 있다고 믿는 것이다. 자기 효능은 또한 자신에게 어떤 장점이 있는지 이해하고 도전과 실패를 직면했을 때 이를 활용할 수 있는 능력이다. 당신은 자신에게 어떤 장점이 있고 어떤 실력이 뛰어난지 잘 알고 있는가? 과거에 이러한 장점을 활용해 실패와 좌절을 극복한 경험이 있는가?

6 유대감

원만한 인간관계는 회복력을 키우는 중요한 기반이다. 당신의 삶에는 믿고 의지할 수 있는 누군가가 있는가? 당신에게 어떤 일이 생겨도 힘이 되어주고 도움을 줄 수 있는 사람이 있는가? 유대감은 인간관계뿐만 아니라 나의 존재보다 훨씬 더 큰 힘, 예를 들면 신앙이나 대자연을 통해, 혹은 삶에 충만한 사명감을 통해서도 느낄 수 있다.

회복력의 6가지 요소에 관한 설명을 모두 읽었다면 이제 자신의 회복력은 어느 정도인지 한번 생각해보자. 만약 이 6가지 요소를 기준으로 자신을 평가한다면(1점이 가장 낮고, 10점이 가장 높은 점수다) 각각 몇 점 정도일까? 아래 표에 자신의 점수를 표시해보자.

평가표

1. 자기 인식

2. 자기 조절

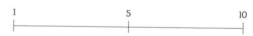

3. 정신적 민첩성

4. 낙관주의

5. 자기 효능

6. 유대감

누구나 회복력을 키울 수 있다

●

6가지 항목에 대한 자신의 점수를 매기고 나니 어떤 기분이 드는가? 또 무엇을 발견했는가?

현재 자신의 회복력 정도가 많이 낮더라도 걱정할 필요는 없다. 연구 결과에서도 볼 수 있듯 회복력은 누구나 노력하면 얼마든지 키울 수 있기 때문이다. 이 책을 쓴 목적 역시 당신이 회복력을 키울 수 있도록 돕기 위해서다.

현재 당신의 회복력은 대부분 성장 과정에서의 경험으로 만들어진 것이다. 어린 시절에 아무도 당신에게 감정을 처리하는 법에 대해 가르쳐주지 않았다면 지금도 감정을 자각하거나 스트레스를 조절하는 데 어려움을 겪고 있을 가능성이 높다. 만약 자라면서 실패할 때마다 무시당하고 비웃음을 받았다면 당연히 아주 작은 스트레스도 위협으로 느끼고 실패 가능성이 조금이라도 있는 일은 무조건 피하려고 할 것이다. 또한 어려서부터 경직된 사고방식을 갖도록 훈련받았다면 지금도 사고의 틀을 벗어나는 데 많은 어려움을 느낄 것이다.

어린 시절의 경험 외에도 사람의 기질과 유전적인 요인 역시 회복력 형성에 영향을 준다. 우리가 어린 시절의 경험을 바꿀 수 없는 것처럼 유전적인 요인을 변화시키는 것도 불가능하다. 하지만 앞에서 설명한 6가지 요소는 배워서 얻을 수 있는 능력들이다.

누구나 회복력을 키우는 법을 배우고 훈련할 수 있다. 이 책을 읽는 동안 앞에서 평가했던 6가지 요소의 점수를 수시로 확인하면서 각각의 능력에 어떤 변화가 있는지 관찰해보기를 바란다.

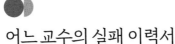

어느 교수의 실패 이력서

회복력은 실패와 좌절에서 다시 일어나 성장하는 능력이다. 그러나 회복력을 키우기에 앞서 가장 먼저 해야 할 일은 실패를 제대로 바라보는 것이다.

'실패 이력서'라는 글을 읽은 적이 있다. 프린스턴대학의 요하네스 하우스호퍼 교수가 자신의 실패 경험을 전부 공개한 글이었다. 그는 이 이력서에 진학에 실패한 학교부터 취업을 시도했으나 거절당한 곳, 받지 못한 상들과 장학금, 학회지에 거부당한 논문들, 신청했지만 받지 못한 연구비 등을 나열했다. 그러고는 이렇게 덧붙였다.

"나는 지금까지 아주 많은 일에 실패했다. 그런데 이러한 실패들은 눈에 잘 보이지 않는다. 사람들은 늘 성공한 모습만 보기 때문에 다른 사람들은 다들 쉽게 성공하는데 나만 늘 실패한다고 생각한다."

그는 실패 이력서를 통해 사람들이 자신의 실패를 바라보고 이에 대한 새로운 관점을 가질 수 있으면 좋겠다고 말했다.

학술계는 자신의 취약한 면을 마음 놓고 드러내기 힘든 곳이다. 실패에 대해 이야기하는 사람은 거의 없다. 그래서 하우스호퍼 교수가 자신의 실패 이력을 사람들에게 공개한 건 정말 대단한 일이라고 생각한다.

사실 요즘 사람들에게는 자신의 이력을 마음껏 뽐낼 수 있는 공간이 있다. 바로 SNS다. 이 이력서에는 당신이 보여주고 싶은 모든 것을 담을 수 있다. 학력, 학교, 직업, 직함부터 어디로 여행을 갔는지, 얼마나 맛있는 걸 먹는지, 누구랑 어떤 모임을 가지는지, 얼마나 달콤한 연애를 하고 있는지, 지금까지 살면서 무엇을 성취했는지 등을 말이다.

우리는 매일 SNS에 올라와 있는 아름답고 화려한 이력서들을 수시로 들여다본다. 그런데 이렇게 매끄럽기만 한 이력서들은 정작 실제 우리 삶에 가득한 실패와 어려움을 보지 못하게 한다. 그래서 일이 잘 풀리지 않을 때 자기에게만 문제가 있다고 생각하게 된다.

내 앞에 닥친 실패와 어려움을 제대로 바라보지 못하면 그것을 통해 교훈을 얻거나 성장하는 건 불가능하다.

실패와 좌절을 숨기기 시작하면

●

우리는 현재 성공과 밝고 긍정적인 에너지를 지나치게 강조하는 사회에 살고 있다. 미디어에도 긍정적인 에너지를 격려하는 각종 문구들이 가득하다. '긍정적인 마음을 가져요', '당신은 무엇이든 극복할 수 있어요', '절대로 포기하지 말아요', '매사에 감사한 마음을 가져요', '무슨 일이든 밝은 면을 보려고 노력하세요' 등 막연한 긍정 메시지가 넘쳐흐른다.

물론 즐겁게 사는 게 나쁘다는 말은 아니다. 나 역시 이런 격언들을 읽는 걸 좋아하고 때때로 이런 문구들을 통해 앞으로 계속 나아갈 수 있는 힘을 얻는다. 생각해보면 틀린 말은 하나도 없다. 모든 일에 감사하고, 실패할 때마다 교훈을 얻고, 무슨 일이든 밝은 면을 보려고 노력하는 태도는 회복력이 높은 사람들이 가진 특징이기도 하다.

그러나 긍정과 즐거움이 유일한 가치가 되어버리면 실패로 인해 괴로워하고 있는 사람에게 긍정적인 격언을 하나 던져주고 얼른 부정적인 감정을 털어내라고 요구하는 식이 된다. 이런 상황에서 대부분의 사람들은 자신의 괴로움을 겉으로 표현하지 못하고 실패에 대해 감히 언급하지 못한다. 그렇게 감정을 숨긴 채 모든 것이 완벽해 보이는 가면을 쓰고 살아가는 것이다.

인생이 잘 풀리지 않아도 모든 걸 자신의 탓으로 돌리며 도움을
요청하지 못한다.

최근에는 '해로운 긍정성Toxic Positivity'이라는 단어도 생겨
났다. 지나치게 긍정성을 강조하는 사회 분위기를 묘사한 표현
이다. 다음은 흔히 볼 수 있는 해로운 긍정성의 예시다. 당신에
게도 혹시 이런 습관이 있지는 않은지 한번 생각해보라.

- 당신의 진짜 감정(특히 부정적인 감정)을 일부러 감
  춘다.
- 특정 감정을 애써 외면한다. 예를 들면 '이런 일
  로 속상해할 필요 없어!'라고 스스로를 다그치거
  나 자신의 부정적인 감정을 부끄럽게 생각한다.
- 누군가 당신에게 자신의 부정적인 감정이나 좌
  절감을 털어놓았을 때 '너 정도면 운이 좋은 거
  야. 더 나쁜 일들도 얼마나 많은데!'라며 그의 부
  정적인 감정을 없애주려고 시도한다.
- 다른 사람에게 '너무 속상해하지 마', '금방 괜찮
  아질 거야', '즐거운 일을 생각하면 금방 좋아질
  거야', '그렇게 화낼 필요가 있을까?', '화를 낸다
  고 달라지는 건 없어'라는 말을 자주 한다.

- 긍정적으로 생각하지 않는 사람들을 이해하지
  못하고 비난한다.

혹시 당신에게도 해로운 긍정성이 있다는 사실을 자각했
는가? 그렇다고 해도 그건 지극히 정상적인 일이니 걱정할 필요
없다. 이 사회가 우리에게 긍정적인 마인드를 갖고 즐겁게 살아
야 한다고 끊임없이 주입하고 있지 않은가! 자각은 변화의 첫걸
음이다. 자신이 어떻게 생각하고 행동하는지 자각하는 것만으
로도 충분히 훌륭한 일이다.

나 너무 유리멘탈인가?

최근 인터넷상에서 자주 볼 수 있는 또 하나의 단어는 바
로 '유리멘탈'이다. 유리멘탈이란 유리처럼 깨지기 쉬운 마음이
라는 뜻으로 마음이 약하고 예민해서 사소한 비난이나 비웃음을
견디지 못하고 쉽게 무너져버리는 사람들을 표현하는 말이다.

처음 유리멘탈이라는 단어를 봤을 때 마음속 깊은 곳에
서부터 강한 거부감이 들었다. 이런 단어가 결국 해로운 긍정성
을 부추기는 것 아닌가? 마음이 괴로울 때 속으로 '나 너무 유리멘
탈인가?' 자책하거나 누군가에게 자신의 감정을 털어놓으면서도

'내가 이렇게 힘들다고 이야기하면 다른 사람들이 나를 유리멘탈이라고 비웃지는 않을까?' 하고 걱정하게 될 테니 말이다.

심리상담을 할 때도 이런 걱정을 하는 사람들을 자주 만난다.

"제가 너무 예민한 건가요?"

"친구가 다른 사람들은 안 그러는데 제가 너무 예민하게 구는 것 같대요."

이런 내적 고민은 안 그래도 힘든 사람들을 더욱 괴롭게 한다.

2013년의 한 연구 결과 피험자 대부분이 '부정적인 감정을 느끼지 말라'라고 요구받았을 때 오히려 더욱 강렬히 부정적인 감정을 느꼈다고 대답했다. 유리멘탈이라고 비난받을까 봐 두려운 사람들은 자신의 실패와 좌절에 대해 솔직하게 털어놓지 못하고 마음의 상처를 계속 외면한다.

사람의 마음을 유리에 빗댄 것은 제법 그럴싸하다. 유리로 만들어진 물건은 아주 조심스럽게 들거나 내려놓아야 하고 실수로 떨어트리기라도 하면 곧바로 깨져버린다. 마음이 유리라면 아주 조심히 다뤄야 하고 그 어떤 좌절도 있어서는 안 된다. 그러지 않으면 금방 깨져서 망가져버릴 테니 말이다. 많은 부모들이 아이가 그 어떤 실패와 좌절도 경험하지 않도록 노력하는 것도 유리 같은 아이의 마음을 보호하기 위해서다.

쉽게 상처받고 무너지는 마음이 유리라면 해로운 긍정성
은 마음을 강철로 만들어주는 신비한 주문이다. 아무리 세게 떨
어트려도 깨지지 않는 아주 단단한 강철 말이다. 하지만 마음이
강철처럼 세고 단단하면 다른 감정들도 느낄 수 없다.

인생은 원래 즐거움과 괴로움이 뒤섞여 만들어진다. 사람
은 즐거움, 감사, 기쁨, 좌절, 상처, 실패, 실망 등 아주 다양한 감
정을 느끼며 살아가는데 그중 실패와 좌절의 경험은 마음을 조
금 더 유연하고 부드럽게 만들어준다. 마음이 강철처럼 단단하
기만 하면 감정을 느낄 수 없으므로 그건 진짜 인생을 사는 것
이 아니다.

쉽게 깨지거나 반대로 쉽게 깨지지 않는다는 이분법적인
사고로 마음을 정의하지 말고 또 다른 각도에서 한번 살펴보자.
예를 들어 근육 단련에 비유해보자. 웨이트 트레이닝을 할 때는
점차적으로 무게를 늘려나가야 하는데 이러한 저항과 압박을
이겨내야 비로소 근육이 단단해진다. 마음의 회복력을 키우는
것도 근육을 단련하는 것과 같다. 모든 실패와 좌절은 웨이트 트
레이닝을 할 때 운동 기구에 중량이 더해지는 것처럼 회복력을
키우는 데 도움을 줄 수 있다.

회복력을 키우는 첫걸음은 실패와 좌절을 똑바로 대면하

는 것이다. 그러나 해로운 긍정성이 만연해 있고 툭하면 누군가를 유리멘탈이라고 비난하는 사회에서 사람들은 실패로 인해 힘들고 괴로워하고 있는 다른 누군가를 멋대로 평가하기 좋아한다. 그래서 마치 실패가 대단히 수치스러운 일이라도 되는 것처럼 다른 사람에게 쉽게 털어놓으려고 하지 않게 된다.

하우스호퍼 교수가 공개한 '실패 이력서'를 보면서 실패하고 거절당하는 경험은 지극히 정상적인 일이고 그 이유가 꼭 내가 부족해서가 아니라는 사실을 깨달았다. 만약 많은 사람들이 이렇게 자신의 실패 이력을 다른 사람들과 공유할 수 있다면 실패와 좌절을 바라보는 시각이 점차 변화하지 않을까?

우리 모두 힘을 합쳐 실패의 괴로움을 허심탄회하게 이야기할 수 있는 사회를 만들어보는 건 어떨까? 실패가 존재할 수 있는 공간이 있어야 그것을 올바로 대면할 수 있는 기회가 생긴다. 그래야만 비로소 실패를 통해 배우고 성장하며 회복력을 키울 수 있다.

당신은 자신의 실패 이력을 다른 사람들과 기꺼이 공유할 수 있겠는가?

그 어떤 역경에도
일어날 수 있는 이유

얼마 전 한 학생이 시 한 편을 보내줬는데 그중에 이런 구절이 있었다.

'우리는 모두 같은 폭풍우 속에 있지만 각자 서로 다른 배를 타고 있다.'

나는 이 구절을 보자마자 세계를 덮친 팬데믹이 모두에게 각기 다른 영향을 주고 있다는 생각을 했다. 우리는 모두 새로운 전염병이 불러온 거대한 폭풍우 속에 있지만 각자 다른 배를 타고 있다. 어떤 사람은 필요한 모든 자원을 갖춘 튼튼하고 안전한 호화 유람선을 타고 있는가 하면 어떤 사람은 작은 나무 배를 타고 거대한 폭풍우에 뒤집히기를 반복하면서 겨우 버티고 있다.

경제적인 여유가 있는 사람에게는 일을 잠시 쉬는 것이 아무 문제가 되지 않는다. 오히려 쉬는 시간이 늘어나 더 좋아할 수도 있다. 그러나 어떤 사람은 일을 하지 않으면 당장 다음 끼니를 걱정해야 한다. 어떤 사람이 방학에 떠나려던 여행 계획이 무산되어 속상해할 때 어떤 사람은 방학 때 아이를 맡길 곳을 찾지 못해 전전긍긍한다. 아이를 맡길 곳을 찾지 못하면 일을 나갈 수 없고 그러면 당장 이번 달 월세를 내지 못할 수도 있기 때문이다. 어떤 사람에게는 자택 격리가 가족들과 더욱 가까워지고 새로운 무언가를 배울 수 있는 기회지만, 어떤 사람에게는 집에 갇혀 배우자의 폭력에 끊임없이 시달려야 하는 끔찍한 시간이다. 재택 근무 기간에 집을 번듯한 사무실로 꾸며놓고 일하는 사람이 있는 반면 가족들과 좁은 공간을 나눠 써야 하는 사람도 있다.

모두가 저마다의
폭풍우를 견디고 있다

•

꼭 팬데믹 시대가 아니더라도 사람은 누구나 인생을 살면서 각자의 폭풍우를 만나게 된다. 지금 이 순간 가슴 아픈 이별을 경험하고 있는 사람도 있고, 실패로 인해 깊은 좌절감에 빠진 사람도 있고, 아무 일 없이 순탄한 삶을 살고 있는 사람도 있다. 자신이 어떤 자원을 갖고 있느냐에 따라 폭풍우가 인생에 미

마음이 강철처럼 단단하기만 하면

감정을 느낄 수 없으므로

그건 진짜 인생을 사는 것이 아니다.

치는 영향은 달라진다.

인생에서 유일하게 확신할 수 있는 건 인생이 끊임없이 변한다는 사실이다. 그렇기 때문에 지금까지의 인생이 순탄했든 순탄하지 않았든 회복력을 키우는 건 누구에게나 중요한 일이다. 자신의 인생이 어떤 방향으로 흘러갈지 예측할 수 있는 사람은 아무도 없으며 누구나 언제든 모진 역경이나 갑작스러운 사고, 실패, 상실 등을 경험할 수 있다. 유태인 강제 수용소에서 살아남은 심리학자 빅터 프랭클은 그의 저서 『죽음의 수용소에서』에 이렇게 썼다.

"인간에게서 모든 것을 빼앗을 수 있어도 단 하나, 인간의 자유, 주어진 환경에서 자신의 태도를 결정하고 자신의 길을 선택할 수 있는 자유만은 빼앗을 수 없다."

살면서 어떤 일이 일어날지 예측하고 통제할 수 있는 사람은 없다. 유일하게 통제할 수 있는 건 바로 나 자신으로, 내가 어떤 마음을 먹고 어떻게 반응할지는 스스로 결정할 수 있다.

세상에 그 어떤 일이 일어나도 우리에게는 마지막 자유, 즉 그 일에 대해 어떤 태도를 취할 것인지, 또 어떤 의미로 받아들일 것인지 선택할 수 있는 자유가 있다.

가장 먼저 할 수 있는 선택은 마음의 상처를 들여다보는 것이다. 상처로 인해 느껴지는 고통과 감정을 있는 그대로 받아

들이고 상처를 치유하면 다시 일어나 시작할 수 있는 힘을 얻을
수 있다.

지름길은 없다

•

이 책의 가장 큰 목적은 많은 사람들이 마음의 상처를 치
유하고 앞에서 언급한 회복력의 6가지 요소, 즉 자기 인식, 자기
조절, 정신적 민첩성, 낙관주의, 자기 효능, 유대감을 키울 수 있
도록 돕는 것이다.

당신이 스트레스를 받을 때 신경계통 반응은 몸속 깊은
곳에 숨어 있으므로 치유는 몸에서부터 시작해야 한다. 이 책의
두 번째 장에서는 감정과 신체 반응을 자각하는 방법을 다루고
있는데 이를 통해 자기 인식과 자기 조절 능력을 키울 수 있다.

회복력이 높다는 것은 고통을 느끼지 않는다는 의미가
아니다. 실패와 좌절을 겪을 때마다 자신의 감정을 있는 그대로
느끼고 귀 기울이며 그 속에서 귀한 정보를 얻을 수 있다는 의
미다.

이 책의 세 번째 장에서는 머릿속을 자세히 탐구할 예정
이다. 머릿속의 생각과 마주하는 법을 배우고 자신이 어떤 관성
적 사고를 자주 사용하는지 이해하며 그동안 실패와 좌절을 어

떤 시각으로 바라보았는지 돌아볼 것이다. 또한 문제를 낙관적으로 해석하는 방법을 배우고 자신의 장점을 적극 활용할 수 있는 방법을 함께 알아본다. 아울러 실패에 직면했을 때 정신적 민첩성, 낙관주의 등의 요소를 어떻게 활용할 수 있는지 배운다.

인간관계가 원만하면 회복력을 키우는 데 큰 도움이 된다. 다시 말해 높은 회복력을 갖기 위해서는 관계를 만들고 유지하는 법을 반드시 배워야 한다. 이 책의 네 번째 장에서는 관계를 형성하는 방법부터 관계 회복하기, 갈등 상황에서의 해결 방법, 소통과 경청 방법 등 인간관계 전반에 대해 알아본다. 여기에서 소개한 방법들을 잘 활용하면 나에게 정말 중요한 주변 사람들과 더욱 건강한 관계를 만들고 유지할 수 있다.

마지막 장에서는 위기가 닥칠 때마다 그 속에서 의미를 찾고 성장할 수 있는 방법에 대해 알아본다. '위기'라는 단어는 정말 흥미롭다. 기회를 나타내는 글자 '기機'가 들어 있으니 말이다. 즉 모든 실패와 좌절 그리고 위기 속에는 기회가 숨어 있다는 의미다. 그리고 그 기회란 위기를 통해 배우고 성장하는 것이다.

1990년대 몇 명의 학자들이 '외상 후 성장'이라는 용어를 사용하기 시작했다. 이 용어가 생겨난 배경은 사람들이 여러 가지 외상과 역경을 경험하면 다양한 측면에서 긍정적으로 성장하고 변화한다는 사실을 발견했기 때문이다. 예를 들면 삶에 더욱 감사하는 마음을 갖게 되었다거나 인간관계에 좋은 변화가 생겼다거나 새로운 시각으로 인생을 바라보게 되었다거나 하는 것들이다.

우리 사회는 무슨 문제든 지금 당장 빠르게 해결하는 방법을 좋아한다. 그러나 성장과 회복은 하나의 과정이므로 빠르게 해결할 수 있는 묘약은 없다. 사람의 마음은 아주 복잡하기 때문에 성장과 회복 과정 역시 복잡하고 혼란스럽다. 당신이 할 일은 자신에게 충분한 시간과 공간을 주고 이 과정을 천천히 겪어나가는 것이다.

역경을 겪은 후에 성장한다고 해서 고통을 느끼지 않을 거라는 의미는 아니다. 반대로 성장은 고통을 겪으며 이루어지는 경우가 많다.

세상에 누구도 역경을 일부러 경험하고 싶은 사람은 없다. 누구나 자신의 인생이 고통 없이 순탄하기만을 바랄 것이다. 하지만 미래에 무슨 일이 일어날지 예측할 수 있는 사람은 없다. 우리가 유일하게 할 수 있는 일은 일이 벌어진 다음에 어떤 태도를 취할지 선택하는 것이다.

내 안의 감정을 다루는 연습

"네 마음이 아픈 건 당연한 거야."

남아프리카에서는 이렇게 인사를 건넨다.

"사우보나Sawubona!"

'사우보나'는 줄루어에서 온 말로 '당신을 봅니다. 내가 당신을 봄으로써 당신이 존재합니다'라는 의미다. 처음 이 말을 접한 건 하버드대학 심리학과 교수인 수전 데이비드 박사의 강연에서였다. 당시 나는 이 말을 듣자마자 정말 아름답고 깊은 뜻이라고 생각했다. 인간은 무리를 이루어 사는 동물이라 다른 사람들과 관계를 맺으며 살아간다. 모든 사람은 자신을 봐주고 자신의 말을 들어줄 누군가가 필요하다. 당신이 나를 봄으로써 내가 존재하고, 내가 당신을 봄으로써 당신이 존재하기 때문이다.

이런 생각을 해봤다. 만약 모든 사람들이 자기 자신에게도 '사우보나!' 하고 말할 수 있다면 어떨까? 만약 자신에게도

'나는 너를 보고 있어. 너의 모든 감정과 느낌을 볼 수 있어'라고 말할 수 있다면, 자기 자신을 솔직하게 바라보고 자신의 내면을 담담하게 마주할 수 있다면 어떨까?

인생이 늘 즐거울 수만은 없다

●

이 책의 첫 번째 장에서는 회복력이란 무엇이고, 회복력을 키우는 데 중요한 2가지 요소인 자기 인식과 자기 조절, 다시 말해 자신이 어떤 감정을 느끼고 있는지 인식하고 그것을 대면하고 조절하는 능력에 대해 소개했다.

예전에 이런 문장을 본 적이 있다. 'Feel at home in your body.' 해석하면 당신의 내면에 집처럼 편안하게 머무르라는 의미다. 이 문장을 보고 상담을 받는 사람들이 자신의 내면을 들여다보고 그 안에 머무르는 걸 어려워하는 이유를 깨달았다. 바로 불편하고 고통스럽기 때문이다.

영국의 가수 겸 작곡가 키스 리처즈는 한때 마약 중독자였다. 그는 자신의 회고록에 이렇게 썼다.

"우리가 각종 왜곡된 방식을 사용하는 이유는 단 몇 시간만이라도 자기 자신을 마주하고 싶지 않기 때문이다."

마약은 그에게 잠깐 동안의 도피를 허락했다. 그 시간만큼은 진짜 자신의 모습을 마주하지 않아도 되고 괴로움도 잊을 수 있었던 것이다.

자신의 내면에 머무르기 불편한 감정을 누구나 한번쯤 느껴봤을 것이고 각자 자신만의 도피 방식이 있으리라 생각한다. 나의 도피처는 바로 일이다. 정신없이 바쁘게 일할 때는 아무 감정도 느낄 수 없기 때문이다. 이처럼 도피 방식은 사람마다 모두 다르다. 쇼핑을 하거나, 음식을 먹거나, 하루 종일 텔레비전이나 휴대폰을 들여다보거나, 일정을 빼곡하게 채우거나, 각종 모임이나 파티에 참석하거나, 끊임없이 SNS를 하거나, 게임을 하는 등 저마다의 방식으로 괴로운 감정을 모른 척한다.

그러나 인생이란 원래 즐거움과 괴로움이 한데 어우러져 만들어지는 것이다. 그러니 괴로움을 밀어내면 즐거움도 함께 밀어내는 것이나 마찬가지다. 실패와 좌절, 상실 등의 역경을 겪을 때마다 고통스러운 감정이 느껴지는 건 아주 자연스러운 일이다. 감정이란 내적 혹은 외적 환경에 대한 반응이고 그 어떤 감정도 잘못된 것은 없다. 하지만 우리가 고통스러운 감정을 계속 피하려고만 한다면 이러한 감정과 함께 지내는 법을 배울 수 없게 된다. 모든 감정을 두 팔 벌려 환영하고 받아들이는 법을 배우고 연습한다면 자신의 내면에 집처럼 편안하게 머무를 수 있을 것이다.

당신은 모든 날씨를
포용하는 하늘이다

•

먼저 이렇게 한번 해보자.

휴대폰에 3분 알람을 설정해놓는다. 그런 다음 눈을 감고 3분 동안 자신의 내면 혹은 외부 세계에서 무슨 일이 일어나고 있는지 자세히 느껴보라.

당신은 무엇을 느꼈는가? 아마 3분이라는 짧은 시간 동안 소리, 냄새, 감각, 감정, 생각 등 모든 것이 1초마다 변하고 있다는 사실을 발견할 수 있었을 것이다. 인생에서 유일하게 확실한 하나는 모든 것이 끊임없이 변한다는 사실이다. 영원히 변하지 않는 것은 없다. 모든 사물이 그렇듯 감정도 마찬가지다.

나는 감정을 날씨에 비유하는 걸 좋아한다. 당신의 감정을 내면세계의 날씨라고 생각해보자. 어떤 날은 구름 한 점 없이 맑고, 어떤 날은 바람이 불고, 어떤 날은 비가 내리고, 또 어떤 날은 거센 폭풍우가 몰아치기도 한다. 그러나 어떤 날씨든 잠시일뿐, 날씨는 끊임없이 변한다. 감정도 마찬가지다.

많은 사람들이 내게 이런 질문을 한다.

"어떤 감정이 차오를 때는 어떻게 해야 하죠?"

그러면 나는 이렇게 대답한다.

어떤 날은 구름 한 점 없이 맑고,
어떤 날은 비가 내린다.
그러나 어떤 날씨든 잠시일 뿐,
날씨는 끊임없이 변한다.
감정도 마찬가지다.

"그 감정을 있는 그대로 느끼는 것 외에 다른 방법은 없습니다."

내가 원한다고 해서 날씨를 마음대로 바꿀 수 없는 것처럼 감정도 그렇다. 그러니 지금 자신이 느끼는 감정에 저항하고 바꾸려고 애쓰기보다 감정을 있는 그대로 받아들이고 느껴야 한다.

감정을 느낀다는 것은 어떤 감정이 나타난 바로 그 순간에 그것에 주의를 기울이는 것이다. 무슨 생각이 드는가? 몸에 어떤 감각이 느껴지는가? 그것이 어떤 감정이라고 생각하는가? 그 감정이 신체 부위 중 어디에 느껴지는가? 그런 다음 자신이 느끼는 모든 감각과 함께 머무르는 것이다.

심리학자 타라 브랙은 이런 비유를 들었다.

"우리가 자기 자신을 현재에 머무르게 할 수 있다면 하늘이 될 수 있다. 당신은 먹구름도, 폭풍우도 아니라 바로 광활한 하늘이다. 그리고 당신의 광활한 하늘은 모든 감정을 수용할 수 있다."

어떤 감정이 차오를 때 현재에 머무르는 연습을 해보자. 광활한 하늘에 먹구름과 폭풍우가 잠시 머물다가 지나가듯 당신의 하늘에도 감정이 머물다가 지나가게 하라.

이럴 때일수록
자신을 더 따뜻하게 대하기

●

사실 자신을 하늘이라고 생각하고 모든 감정을 받아들이는 일이 말처럼 쉽지는 않다. 적어도 나에게는 그렇다. 어느 때는 내가 먹구름이나 거센 폭풍우로 변한 것 같은 기분이 든다. 그런데 이럴 때일수록 자기 자신을 더욱 따뜻하게 대해줘야 한다.

나는 심리학자 크리스틴 네프가 제시한 '자기 자비'라는 개념을 좋아한다. 자기 자비에는 3가지 중요한 요소가 있다. 첫 번째는 자기 자신을 향한 친절이다. 실패하고 마음이 괴로울 때 스스로를 비난하거나 고통을 외면하지 말고 자신을 더욱 친절하게 대해줘야 한다는 의미다. 예를 들면 스스로에게 이런 말을 해줄 수 있다.

'그래, 원래 이런 일을 겪으면 마음이 많이 괴로워.'

'취업 준비할 때 마음이 불안하고 초조한 건 당연한 거야.'

자기 자비는 자신의 불완전함을 있는 그대로 받아들이는 것으로부터 시작된다. 사람은 원래 불완전한 존재다. 그러나 불완전한 상태에서도 사랑받아 마땅하고 스스로를 친절하게 대해줄 필요가 있다. 지금 마음이 아프고 힘들다면 누구보다 스스로를 따뜻하게 감싸줘라.

두 번째 요소는 '인류의 보편성'으로 내가 이 개념에서 가장 좋아하는 부분이기도 하다. 즉 괴로움은 인류의 보편적인 감정이라는 의미다. 흔히 마음이 괴로울 때 '나만 그렇게 느끼는 건가' 하고 생각하면서 괴로움에 외로움까지 한층 더한다. 부정적인 감정이 들 때는 스스로에게 이렇게 말해주자.

'이 감정은 부끄러움이야. 다른 사람들도 부끄러울 때는 이런 감정을 느껴.'

'이 감정은 불안함이야. 지금 이 순간 수많은 사람들이 나와 같은 감정을 느끼고 있어.'

이렇게 연습하다 보면 마음이 괴로울 때 다른 사람들과 유대감이 생겨 외롭다는 생각이 점차 사라진다.

자기 자비의 마지막 요소는 '마음챙김'이다. 현재 무슨 일이 일어나고 있는지 자각할 수 있어야 한다는 의미로, 어떤 감정이 나타났을 때 그것을 있는 그대로 느끼는 것이다. 또한 감정은 감정일 뿐이고 지금 느끼는 감정이 곧 나를 의미하는 건 아니라는 것을 알아야 한다.

많은 사람들이 회복력이 높으면 괴로움을 느끼지 않을 거라고 착각하기도 하는데 사실은 정반대다. 회복력은 우리가 모든 감정을 위한 공간을 만들어주는 것에서부터 출발한다. 슬픔의 공간, 기쁨의 공간, 분노의 공간, 실망의 공간, 감사의 공간,

괴로움의 공간 등을 말이다.

　나는 모든 사람들이 자신의 내면의 힘을 통해 회복력을 키울 수 있으리라 믿는다. 당신에게는 이미 모든 자원과 도구가 있다. 심리 전문가로서 내가 해야 할 일은 당신이 자신의 내면으로 들어가 자원을 찾을 수 있도록 돕는 것뿐이다.

　모든 감정을 받아들일 수 있는 능력이 있으면 어떤 낯선 감정이 불쑥 나타나도 두 팔 벌려 환영해줄 수 있다. 그럼 당신의 내면에 언제든 집처럼 편안하게 머무를 수 있을 것이다.

상실의 기술을 배우다

〈스틸 앨리스〉라는 영화를 본 적이 있다. 존경받는 교수이자 저명한 언어학자인 앨리스가 50세가 되던 해 갑작스럽게 희귀 알츠하이머 진단을 받고 점차 기억력과 생활 능력을 잃어가는 내용이다.

영화에서 가장 인상 깊었던 장면은 앨리스가 알츠하이머 세미나에서 강연을 하는 장면이었다. 앨리스는 강연 초반에 미국의 시인 엘리자베스 비숍의 시를 인용한다.

"상실의 기술을 배우는 건 어렵지 않다. 많은 것들이 언젠가는 상실될 의도로 채워진 듯하니, 그것들을 잃는다고 재앙은 아니다."

저명한 학자이자 교수였던 그녀에게 강연은 삶의 중요한 일부분이다. 그러나 알츠하이머를 진단받은 이후 강연을 할 때

Part 2   내 안의 감정을 다루는 연습

는 반드시 원고를 출력해 와서 한 마디가 끝날 때마다 형광펜으로 표시를 해야 했다. 이미 했던 말을 반복하지 않기 위해서였다. 앨리스는 이렇게 말한다.

"저는 그동안 열심히 노력해서 쌓아온 모든 것들을 잃었습니다. 알츠하이머를 진단받은 이후 매일 상실의 기술을 배우고 있죠."

영화가 끝난 후 '많은 것들이 언젠가는 상실된다'는 이 한 마디가 머릿속을 계속 맴돌았다. 때로는 그동안 너무나 당연하게 생각해왔던 일들을 할 수 없게 되기도 한다. 소유하고 소유하지 않게 되는 것, 얻고 잃는 것은 양면적인 일이다. 그런데 우리는 늘 무언가를 잃어버린 뒤에야 그것의 소중함을 깨닫는다.

코로나라는 전염병은 우리에게 상실의 기술을 가르쳐주었다. 그러나 원래 인생이란 계속해서 상실의 기술을 배워가는 과정이 아닌가? 살다 보면 무슨 일이든 일어날 수 있고 한순간에 내가 가진 모든 것을 잃게 될 수도 있다. 설령 좋은 변화라고 할지라도 모든 변화는 상실을 동반한다. 변화란 익숙했던 것과의 작별을 의미하기 때문이다. 모든 성장의 과정 역시 상실을 대면해야 한다. 한 단계를 새롭게 올라갈 때마다 기존 단계에서의 많은 부분을 내려놔야 하기 때문이다.

인생에서 영원한 건 없다. 그래서 우리는 언제나 상실을 마주해야 한다. 지금 어떤 상실을 경험하고 있든 찬찬히 바라보며 그 슬픔에 이름을 붙여보자.

이 모든 것이 상실이다

상실이 꼭 생명의 죽음만을 의미하는 건 아니다. 어떠한 형태의 죽음이든 모두 상실을 의미한다. 일자리를 잃거나, 어렵게 세운 회사를 잃거나, 배우자 혹은 연인과 이별하거나, 건강을 잃거나, 살던 집을 잃거나, 인생의 원대한 계획이나 꿈을 잃거나, 사람과 세상에 대한 신뢰를 잃는 것 등등…. 이 모든 것이 상실이고 마땅히 슬퍼하고 애도해야 할 일들이다.

슬픔과 애도 분야의 전문가인 데이비드 케슬러는 이렇게 말했다.

"우리는 먼저 슬픔에 이름을 붙여야 한다. 그것이 슬픔이라는 것을 알아야 비로소 애도를 시작할 수 있기 때문이다."

그런데 내 안의 슬픔을 알아차릴 때마다 한쪽에서 이러한 의구심이 들기도 한다.

'이것이 상실이라고 부를 만큼 슬픈 일일까? 과연 내가 이런 일로 실망하고 슬퍼해도 되는 걸까?'

예를 들면 나는 안 좋은 일을 겪을 때마다 스스로에게 자주 이렇게 말하곤 했다.

　'다른 사람들에 비하면 내가 잃은 건 아무것도 아닌데 이렇게 슬퍼해도 되는 걸까?'

　'나는 다른 사람들에 비하면 굉장히 운이 좋은 편이야. 감사한 마음을 가져야 해!'

　혹시 당신도 상실의 순간에 이러한 마음의 소리를 들은 적이 있는가? 만약 그렇다 해도 이건 당신 혼자만의 문제가 아니니 안심하라. 심리학자 브레네 브라운은 사람들이 고통과 상실을 겪을 때 자신의 상황을 남들과 쉽게 비교하게 되는데, 이럴 때 자신의 상실이 상대적으로 심각하지 않다고 판단하면 자신의 감정에 죄책감을 느낀다고 말했다. 브라운 교수의 설명을 들으니 나 혼자만 그렇게 느끼는 것이 아니라는 생각에 안도감이 들었다. 사람들이 남들과 고통을 비교하게 되는 이유는 감정이입에 한계가 있다는 착각 때문이다. 감정이입을 케이크에 비교해보자. 케이크를 자신이 몇 조각 더 가져가면 다른 사람에게 줄 수 있는 케이크 조각이 줄어드는 것처럼 자신의 슬픔에 감정이입을 하다 보면 다른 사람의 슬픔에 감정이입할 수 있는 양이 줄어든다고 생각하는 것이다. 그러나 감정이입에는 한계가 없다. 자신의 슬픔에 감정이입을 하고도 다른 사람의 슬픔에 충분히 감정이입할 수 있다. 당신의 상실과 슬픔은 당신의 감정이고,

다른 사람의 상실과 고통은 다른 사람의 감정이다. 설령 자신의 슬픔이 별것 아닌 일처럼 느껴져도 어쨌든 내가 슬픔을 느끼고 있다면 그 감정을 위한 공간을 마련해줘야 한다. 마찬가지로 다른 사람의 슬픔도 있는 그대로 인정해줘야 한다. 내가 보기에는 사소한 일처럼 느껴져도 말이다.

누군가 슬퍼하고 있을 때는 옆에 있어주는 것만으로도 큰 힘이 된다. 그 사람에게 무언가를 가르쳐주거나 조언을 해줄 필요는 없다. 이미 그는 자신만의 방식으로 슬픔을 애도하고 있으니 당신은 그저 그의 슬픔을 바라보며 함께 있어주면 된다.

고통을 서로 비교할 수 없는 것처럼 애도의 방식도 비교할 수 없다. 우리는 종종 다른 사람들도 나와 같은 방식으로 슬픔을 애도한다고 착각한다. 그래서 누군가 나와 똑같은 반응을 보이지 않으면 '저 사람은 왜 나처럼 괴로워하지 않지?', '저 사람은 왜 나처럼 울지 않는 거지?' 하고 생각한다. 하지만 슬픔을 애도하는 정확한 방법은 없으며 사람마다 애도의 방식은 모두 다르다.

슬픔을 마음속에 가두면

•

심리학자 엘리자베스 퀴블러 로스는 슬픔과 상실의 단계를 부정, 분노, 타협, 우울, 수용의 5단계로 나눴다. 5단계로 나눈 이유는 슬픔을 애도하는 과정에서 이러한 감정과 반응은 정상적인 것이라는 사실을 알려주기 위함이지 이 순서를 그대로 따라야 한다는 의미는 아니다.

슬픔은 해결이 필요한 문제가 아니다. 단지 슬픔으로 인한 고통이 편안하게 머무를 수 있는 공간과 충분한 관심이 필요할 뿐이다. 애도는 감정이 흐르도록 해줘야 한다. 감정을 억압하고 아무것도 느끼지 않으려고 한다면 슬픔은 마음속에 갇혀버린다.

수전 데이비드 박사는 한 강연에서 아버지가 돌아가셨을 때의 경험을 이야기했다. 당시 열다섯 살이었던 그녀는 마치 아무 일도 없는 것처럼 웃으며 손님을 맞이했고 슬픔을 느끼지 않기 위해 폭식을 하기 시작했다고 말했다. 그러던 어느 날 한 선생님이 그녀에게 일기장 한 권을 건네며 자신이 느끼는 모든 감정을 써보라고 권했다. 그제야 그녀는 일기장에 꽁꽁 감춰두었던 슬픔을 쏟아냈다.

슬픔을 마주했을 때는 그것을 그대로 느끼며 감정이 자

연스럽게 흘러가도록 해야 한다. 사회심리학자 제임스 페니베이커는 글쓰기를 통한 감정의 표출이 사람에게 매우 긍정적인 영향을 준다는 사실을 발견했다. 만약 직접 경험해보고 싶다면 매일 10분에서 15분 정도를 할애해 자유롭게 글을 써보라. 다른 사람에게 보여줘야 하는 글이 아니므로 형식에 구애받지 않고 자유롭게 자신의 감정을 솔직히 적으면 된다. 다 적은 다음에는 지우거나 찢어버려도 괜찮다. 이 글은 온전히 자신의 슬픈 감정을 적은 것이고 나만을 위해 쓴 것이기 때문이다.

물론 글쓰기가 유일한 방식은 아니다. 감정이 자연스럽게 흘러가도록 하는 방법은 여러 가지가 있다. 신뢰할 수 있는 친구나 심리상담가에게 이야기하거나 그림, 음악, 춤, 운동 등 당신이 좋아하는 방식으로 표현하면 된다.

애도를 통해 기쁨을 느끼다

•

대학원을 다닐 때 그 지역의 한 애도 모임의 자원봉사자로 일을 한 적 있다. 2주에 한 번 애도가 필요한 가정들이 한곳에 모여 자신의 감정을 공유하고 응원해주는 모임이었다. 어느 날 모임에서 남편을 먼저 떠나보낸 아내가 이렇게 말했다.

"남편을 떠나보내고 처음으로 기쁨을 느껴본 것 같아요.

단 몇 분이었지만 처음으로 남편이 세상을 떠났다는 사실을 떠올리지 않을 수 있었어요. 그런데 죄책감이 들어요. 남편이 없는데 제가 기쁨을 느껴도 괜찮은 걸까요?"

이처럼 슬픔을 애도하는 과정에서 긍정적인 감정을 느끼는 것이 굉장히 잘못된 일이라고 생각하는 사람들이 많다. 우리 사회는 무슨 일이든 이분법적으로 판단하기 좋아한다. 좋거나 나쁘거나, 옳거나 틀리거나, 긍정적이거나 부정적이거나 하는 식으로 말이다. 그러나 사람은 원래 복잡한 존재고, 그런 사람의 감정은 더욱더 복잡하다. 그러므로 이러한 복잡함을 인정하고 '모두 다 가능하다'라는 시각으로 바라보는 연습이 필요하다. 즐거움과 괴로움, 기쁨과 슬픔 등 서로 반대되는 감정이 동시에 존재할 수도 있다. 그래서 슬픔을 애도할 때는 슬픔뿐만 아니라 기쁨, 감사함 등 여러 감정을 위한 공간도 마련해두어야 한다.

세상이 상실과 슬픔으로 가득 차 있을 때는 자신이 즐거움을 느끼는 일을 하며 스스로에게 잠시 휴식을 허락하라. 기쁨과 감사함이 슬픔을 위한 공간을 빼앗아가지는 않는다. 브라운 교수는 "자신이 소유한 것에 감사한 마음을 가질 때 다른 사람의 상실이 얼마나 큰지 진심으로 이해할 수 있게 된다"라고 말했다.

죽음에 대한 생각은 곧 우리가 생명을 어떻게 바라보는

지 설명해준다. 두려움은 죽음이 찾아오는 것을 막을 수 없지만 현재의 삶을 가로막을 수는 있다. 사랑과 상실은 원래 하나다. 두렵다고 슬픔을 마주하지 않으려는 것은 사랑 없는 인생을 선택한 것이나 다름없다.

상실의 기술은 인생을 사는 동안 계속해서 배우는 것이고, 이를 통해 자신과 다른 사람의 슬픔을 바라볼 수 있게 된다. 상실의 기술을 처음부터 완벽히 터득하는 사람은 없다. 그러니 자신과 다른 사람들을 조금 더 관대한 마음으로 바라보는 연습을 해보자.

애도는 감정이 <u>흐르도록</u> 해줘야 한다.
감정을 억압하고 아무것도 느끼지 않으려고 한다면
슬픔은 마음속에 갇혀버린다.

내 안의 죄책감을 다루는 방법

얼마 전, 박사과정 지도교수에게 전화 한 통을 받았다. 우리는 서로의 근황을 주고받고 지난 1년 동안 내가 학생들을 가르치면서 경험하고 느낀 점에 대해 이야기를 나눴다. 나는 공부하면서 생긴 '악습'들을 끊어버리기 위해 그동안 얼마나 노력했는지에 관해서도 웃으며 털어놓았다. 내가 말한 악습이란 늘 일에만 매달려 있고, 거절하는 법을 모르고, 다른 사람의 요구를 더 중요하게 생각하는 것 등이었다. 이렇게 할 수밖에 없었던 이유는 내 안의 죄책감이 언제나 이렇게 소리치고 있었기 때문이다.

'반드시 그렇게 해야만 해!'

박사과정을 졸업한 후에야 비로소 내게도 죄책감을 마주하고 처리하는 힘이 생겼다. 나에게 죄책감은 오랜 친구처럼 늘 함께하는 익숙한 감정이었다.

상담실에서도 평소 자신이 느끼는 죄책감에 대해 토로하는 사람들을 자주 만날 수 있다.

"교수님이 시킨 일을 정말 하고 싶지 않았어요. 하지만 거절하자니 죄책감이 들어 할 수 없이 하겠다고 했죠."

"여동생이 심각한 알코올 중독이라 엄마가 매일 걱정하세요. 부모님이 여동생 일로 매일 전화를 하시는데 잘 받지 않아요. 매일 똑같은 이야기를 듣는 게 싫어서 그러는 건데, 모른 척하자니 죄책감이 들어요."

"집에서 멀리 떨어진 곳에서 일하느라 부모님을 제대로 모실 수가 없어요. 그래서 늘 죄책감에 시달린답니다."

어떤 일에 관한 죄책감뿐만 아니라 자신의 감정에 대해서 죄책감을 느낀다고 토로하는 사람들도 더러 있다. 예를 들어 슬픔, 불안, 괴로움 등의 감정을 느낄 때 마음속 한구석에서 죄책감이 비집고 나와 이렇게 말한다는 것이다.

'그렇게 생각하면 못써! 감사한 마음을 가져야지!'

한 연구 결과에 따르면 사람들은 일반적으로 하루에 두 시간 정도 경미한 죄책감에 시달리고, 일주일에 약 다섯 시간 정도 중간 정도의 죄책감에 시달리며, 한 달에 세 시간 반 정도 심각한 죄책감에 시달린다고 한다. 이처럼 죄책감은 대부분의 사람들이 보편적으로 느끼는 감정이다.

당신에게 죄책감은 어떤 감정인가? 당신의 마음속에서 들려오는 죄책감의 목소리는 어떤 것인가? 당신은 주로 어떤 일에 죄책감을 느끼는가? 잠시 시간을 내어 곰곰이 생각해보고 원한다면 종이에 한번 적어보기를 바란다.

사실 죄책감은 잘못된 일을 저지르거나, 누군가에게 상처를 주거나, 자신의 가치관에 위배되는 행동을 했을 때 이를 깨닫게 해주는 아주 중요한 감정이다. 또 죄책감을 느끼기 때문에 잘못을 사과하고 행동을 수정하며 실수를 만회할 수 있다.

예를 들어 과제를 하기로 마음먹고 책상에 앉았는데 SNS를 구경하느라 두 시간 넘게 시간을 허비했을 때 느끼는 죄책감은 다시 한번 자신의 효율성을 점검하고 과제를 완성할 수 있는 또 다른 시간 계획을 세우도록 한다. 또는 친구에게 상처가 되는 말을 했을 때 느끼는 죄책감은 상대방에게 진심으로 사과하고 앞으로 어떻게 말해야 할지 생각하게 한다. 죄책감은 우리가 원만한 인간관계를 유지하고 자신의 가치관에 부합하는 행동을 할 수 있도록 도와주는 중요한 감정이다. 보통의 경우에 죄책감은 상대방에게 사과를 하거나 실수를 만회하고 나면 줄어들거나 사라진다. 그러나 어떤 죄책감은 족쇄처럼 마음을 옭아매고 몇 달, 몇 년 혹은 평생 사라지지 않고 머물러 있기도 한다.

독이 되는 감정

●

미국의 심리학자 가이 윈치는 건강한 죄책감은 우리가 어떤 잘못을 했을 때 그것을 만회하고 고칠 수 있게 도와주지만 건강하지 않은 죄책감은 독약처럼 우리 몸에 퍼져 해를 끼친다고 설명했다. '생존 죄책감', '분리 죄책감'이 바로 여기에 해당하는데 이 2가지 모두 인간관계와 관련이 있다.

전쟁이나 비극적인 사고에서 가까스로 살아남은 생존자들은 '대체 왜 나만 살아남은 걸까?' 하는 생존 죄책감에 자주 시달린다. 이러한 죄책감 때문에 그들은 생존했지만 제대로 살아가지 못한다. 살아남은 것이 곧 죽은 사람들에 대한 배신이라고 생각하기 때문이다.

이렇게 큰 사건 외에도 일상생활 속에서 생존 죄책감을 느끼기도 하는데, 다른 사람들보다 운이 좋거나 다른 사람들이 고생할 때 편하게 살고 있는 것에 대해 죄책감을 느끼는 경우다.

또 하나 독이 되는 죄책감은 바로 분리 죄책감이다. 내가 원하는 삶을 얻기 위해 다른 누군가를 포기했을 때 이런 죄책감을 느낀다. 예를 들어 꿈을 이루기 위해 유학을 떠나려고 하는데 가족들이 극구 반대할 때 혹은 해외에 나가 일을 하느라 몸이 아픈 가족을 돌보지 못할 때 심한 죄책감에 시달린다. 또 혼자

출장이나 여행을 갔을 때 집에 남아 있는 배우자와 아이들 생각에 죄책감을 느껴 여행을 제대로 즐기지 못하기도 하고, 내가 한 행동이 주변 사람들의 기대에 미치지 못했을 때 분리 죄책감을 느끼기도 한다.

죄책감은 내가 무엇을 잘못했다는 정보를 전달해준다. 그런데 생존 죄책감과 분리 죄책감의 문제는 뚜렷하게 잘못한 일이 없기 때문에 사과를 하거나 실수를 만회할 만한 행동을 할 수 없다는 것이다. 이러한 죄책감은 마치 고장 난 경보기가 계속 잘못된 경보를 내보내는 것과 같다. 잘못된 경보가 계속 이어지다 보면 자신이 무언가를 소유할 만한 가치가 없는, 편하게 잘 살면 안 되는 사람이라고 여기게 되고 심지어 자신이 벌을 받아 마땅하다고 생각하게 된다.

마음속에서 들려오는
죄책감의 목소리

●

나는 상담실을 찾아오는 사람들에게 '감정은 자료'라는 말을 자주 한다. 이처럼 죄책감을 포함해 모든 감정은 우리에게 정보를 전달해준다. 앞에서 자신의 죄책감에 대해 적었던 내용을 다시 한번 살펴보자. 과연 이러한 죄책감은 나에게 무엇을 알려주고 있는가?

　마음속에서 들려오는 죄책감의 목소리는 사실 당신에게 무엇이 가장 중요한지 알려주고 있다. 만약 혼자 여행 중에 집에 두고 온 배우자와 아이들에게 죄책감을 느낀다면 그건 당신이 가족과의 친밀한 관계를 매우 중요하게 생각하고 있다는 의미다. 당신이 남들보다 많은 것을 소유하고 특권을 누린다는 것에 죄책감을 느낀다면 사회의 불공평함에 대해 의식하고 있고 사람들 모두 충분한 자원을 누려야 한다고 생각한다는 의미다. 누군가에게 상처가 되는 말을 해서 죄책감을 느낀다면 그건 당신이 인간관계를 중요하게 생각하며 사람은 누구나 존중받아야 한다는 걸 인지하고 있다는 의미다. 이처럼 마음속에서 들려오는 죄책감의 목소리에 귀를 기울이면 스스로를 더욱 잘 이해하고 자신의 가치관을 인식할 수 있다.

　죄책감은 자신이 자라온 가정이나 사회의 가치관으로부터 영향을 받기도 한다. 예를 들면 어렸을 때부터 '다른 사람의 요구는 자신의 것보다 중요하다'고 배운 사람은 다른 사람의 요구를 거절할 때 죄책감을 느낀다. 또 '여성은 언제나 희생해야 한다'는 고정관념을 주입하는 가정 혹은 사회에서 자란 사람은 머릿속에 깊숙이 자리 잡은 여성의 역할과 여성에 대한 기대 때문에 자신의 이상을 추구하는 과정에서 죄책감을 느끼기도 한다.

마음속에서 들려오는 죄책감의 소리를 들으며 과연 그것이 어디에서부터 오는 것인지 생각해볼 필요가 있다. 죄책감에 귀를 기울이다 보면 자신에 대해 잘 알지 못했던 면을 발견하게 된다. 특히 그리 아름답지 않고 감추고 싶었던 부분들을 말이다. 그러나 이를 통해 자신의 완벽하지 않은 면을 받아들이는 연습을 할 수 있다. 나에게도 단점과 한계가 있고 다른 사람들의 기대를 모두 만족시키지는 못하며 때로는 휴식이 필요하다는 사실을 받아들여보자. 우리는 완벽하지 않지만 존중받고 사랑받아 마땅한 존재다.

죄책감을 감사함으로 바꾸다

●

그렇다면 죄책감을 느낄 때는 어떻게 해야 할까? 불교학자 툽텐 진파는 사람이 죄책감을 느끼면 굉장히 자기중심적으로 변한다고 말했다. 죄책감이 모든 초점을 '나'에게 집중시켜 마치 세상에 나 혼자 남아 있는 것처럼 느끼기 때문이다. 이 말을 듣고 내가 죄책감이라는 깊은 우물에 빠졌던 때를 떠올려보니 정말 그때는 나밖에 생각나지 않았다. 나는 죄책감으로 인해 부끄러움과 난처함을 느꼈고 어디론가 숨어버리고 싶은 생각밖에 들지 않았다. 이때 나에게는 주위 사람들을 바라볼 여유가 없었고 오로지 나만 바라보고 있었다. 나의 세상은 오직 우물 입구 위로 보이는 작은 하늘뿐이었다.

　이럴 때 우리가 할 수 있는 일은 눈에 보이는 세상을 확장하고 죄책감을 감사함으로 바꾸는 것이다. 지금 느끼고 있는 것이 생존 죄책감이든 분리 죄책감이든 가장 먼저 자신이 얼마나 운이 좋은 사람인지 깨닫고 인정해야 한다. 충분한 자원이 있고, 선택할 수 있는 자유가 있고, 자신이 원하는 인생 목표를 세우고 원하는 일을 할 수 있다는 것이 얼마나 큰 행운인지 알아야 한다. 잠시 자신이 가진 것들을 생각하며 감사한 마음을 느껴보라. 이 감사함의 감정이 우리 몸의 어떤 부분에서 느껴지는가? 어떤 감각이 느껴지는가? 그런 다음 감사함과 하나가 되어보자.

　죄책감은 사람을 자기만의 세상으로 움츠러들게 한다. 그러나 감사함은 힘을 실어주고 자기만의 세상을 더욱 넓게 확장해 다른 사람에게도 닿을 수 있도록 도와준다. 감사함을 행동으로 바꿔 사회의 불공평함을 해결하려고 노력할 수 있고, 힘이 닿는 범위 내에서 자신이 가진 자원으로 다른 사람을 도울 수도 있다. 자신의 목표를 추구할 수 있도록 도와준 사람들에게 감사한 마음을 표현하거나 자신의 열정과 능력으로 다른 사람에게 동기부여를 해줄 수도 있다.

　사람은 일생을 살면서 누구나 죄책감을 느낀다. 어떤 죄책감은 가볍고, 어떤 죄책감은 아주 무겁다. 마음속에서 들려오는 죄책감의 목소리는 당신이 가장 중요하게 생각하는 것이 무엇인지 알려준다. 그러니 이러한 목소리에 귀를 기울이는 연습을 하라. 생존 죄책감 혹은 분리 죄책감을 오랫동안 품고 있으면 마음속에서 무거운 짐이 된다. 죄책감을 발견하고 적절한 이름을 붙여주며 그 감정을 감사함으로 전환하기 위해 노력해보자. 자신에게 주어진 것에 감사함과 행운을 느끼고 감사함을 행동으로 옮겨 앞으로 계속 나아가자.

환영받지 못한 감정을 환영하라

팬데믹 시대를 맞아 인터넷에는 어떻게 하면 이 힘든 시기에 긍정적인 마음을 유지하고 감사함을 배울 수 있는지 알려주는 다양한 글들이 올라왔다. 나 역시 이런 글들을 통해 새로운 관점을 얻고 낯선 환경에 적응할 수 있는 힘을 얻었다. 한번은 내가 정말 좋아하는 심리치료사 에스더 페렐이 쓴 '불평의 기쁨'이라는 제목의 글을 읽게 되었다. 그녀는 지금이야말로 불평에 대해 토론해야 할 때라면서 원망을 잘 해야 한다고 말했다. 이 글의 제목을 봤을 때 처음에는 멍하다가 잠시 후 이런저런 생각이 머릿속에 떠올랐다. 불평을 해도 될까? 과연 내가 불평할 자격이 있을까? 지금 가진 것들에 대해 당연히 감사한 마음을 가지는 게 옳지 않을까? 내가 불평을 한다면 다른 사람들은 나를 어떻게 생각할까?

'불평'이라는 단어를 들었을 때 어떤 느낌 혹은 반응이 떠오르는가? 또 무엇이 연상되는가?

불평 리스트 적어보기

●

내가 '불평'이라는 단어를 들었을 때 가장 먼저 떠오르는 건 '불평하지 마!'라는 말이다. 대부분의 사람들이 어려서부터 불평하면 안 된다고, 불평은 나쁜 것이라고 배웠다. 인터넷에서 불평을 검색해보면 '성공한 사람은 불평하지 않는다', '불평을 멀리하는 법' 등의 글을 쉽게 찾을 수 있다.

'불평'은 다양한 문화와 모든 언어에 존재하는 단어다. 유태인들이 사용하는 이디시어에는 불평을 나타내는 단어가 무려 10개나 있다. 부정적인 감정을 밖으로 표출하는 행위는 나라와 문화를 막론하고 사람들에게 아주 보편적인 일이다.

원한다면 잠깐 시간을 내어 마음껏 불평을 해보라. 최근 가장 불평하고 싶었던 일은 무엇인가? 종이 한 장을 준비해 마음속에 담아둔 불평을 모두 적어보자. 이 목록은 다른 사람에게 보여줄 필요도 없고 다 쓴 다음에 찢어버려도 괜찮다.

나도 이 글을 쓰다가 잠시 멈추고 종이에 불평을 적어보았다.

'코로나 정말 지겨워! 도대체 언제까지 이렇게 살아야 할까?'

'온라인 수업이 정말 싫다…'

'내가 쓴 글을 고치고 싶지 않아!'

이것들은 내가 적은 불평이다. 당신은 종이에 무엇을 적었는가? 마음껏 불평하면서 무엇을 느꼈는가? 불평하는 것이 당신에게는 힘든 일인가?

마음껏 불평해보기

●

'내가 쓴 글을 고치고 싶지 않아!'라는 불평은 이 책의 원고를 수정할 때 추가한 내용이다. 학술지에 논문을 기고하거나 책을 쓰는 과정에서 가장 힘든 순간은 바로 논평이나 서평을 확인할 때다. 글에 대한 평가를 받을 때면 크게 한 방 맞은 것처럼 나도 모르게 공격적인 자세를 취하게 된다.

'내 글이 그렇게 엉망인가?'

'저 사람들은 대체 무슨 근거로 내 글을 비판하는 걸까?'

학술논문을 기고하는 과정에 대한 수업에서 교수님은 이렇게 말씀하셨다.

"논문을 기고하고 비평가들의 평가를 받으면 누구나 충

격을 받고 화가 날 겁니다. 이럴 때는 누군가를 찾아가 실컷 불평하세요. 논평은 일단 덮어두고 한참 지난 다음에 다시 펼쳐보세요."

나는 당시 교수님의 말씀을 마음속에 늘 새기고 있었고, 이후 학술논문을 기고하거나 책을 쓸 때 이 방법으로 정말 많은 도움을 받았다. 그래서 논평을 읽으면 가장 먼저 친구를 찾아가 불평을 토로하면서 반격하고 싶은 마음을 해소한다. 이렇게 실컷 불평을 하고 나면 마음이 한결 편안해지는 것을 느낄 수 있다. 그리고 며칠 후 덮어놓았던 논평을 다시 펼쳐보면 그들이 건의한 내용들이 이해가 되고 내가 글을 쓰면서 발견하지 못했던 맹점들을 찾을 수 있게 된다.

이 책을 쓸 때도 예외는 아니었다. 누군가를 찾아가 속에 있는 불평들을 모두 쏟아내고 난 후에야 비로소 새로운 의견을 받아들이고 원고를 수정할 마음의 여유가 생겼다.

누군가에게 불평을 털어놓거나 누군가의 불평을 들어주는 것은 일상적인 일이다. 그런데 때로는 불평을 털어놓았다가 상대방으로부터 싸늘한 대답을 듣기도 한다.

"네가 얼마나 운이 좋은 줄 알아? 불평 좀 그만해!"

또는 입장을 바꿔 친구나 가족들 혹은 배우자의 끊임없는 불평에 지쳐서 이렇게 소리치고 싶을 때도 있다.

"네가 바꿀 생각은 하지 않고 계속 불평만 하는구나! 이제 정말 그만 좀 해!"

살다 보면 좌절할 때도 있고 내 마음대로 되지 않는 일들도 많다. 매 순간을 긍정적이고 감사한 마음으로만 사는 건 어렵고, 때로는 마음껏 불평을 쏟아낼 수 있는 공간이 필요하다.

당신의 불평을 가만히 들어줄 수 있는 사람을 찾는 것이 매우 중요하다. 나는 불평하고 싶은 일이 생겼을 때 내가 가장 신뢰하는 친구를 찾아가 이렇게 말한다.

"내가 지금 불평하고 싶은 일이 있는데 너한테 문제를 해결해달라거나 조언을 해달라고 부탁하는 건 아니야. 내가 불평을 털어놓을 수 있는 공간이 되어주기만 하면 돼."

가끔은 내 친구에게도 실컷 불평할 수 있는 곳이 필요하다. 그럴 때 내가 해야 할 일은 친구의 말을 잘 들어주는 것뿐이라는 사실을 잘 알고 있다. 이처럼 우리에게 필요한 건 마음껏 불평할 수 있는 공간이다.

불평이 말해주는 것들

●

이제 조금 전에 적었던 불평 리스트를 다시 한번 읽어보자. 그런 다음 두 눈을 감고 당신의 불평들이 자유롭게 모여 있는 어떤 공간 속에 서 있다고 상상해보자. 그리고 천천히 각각의 불평에게 가까이 다가가자. 불평들은 당신에게 무엇을 말해주고 있는가?

나는 불평에 가까이 다가갔을 때 그 밑에 숨어 있는 또 다른 감정을 발견할 수 있었다. 예를 들어 '온라인 수업이 하기 싫다'는 불평 아래에는 내면의 불안함이 숨어 있었다. 강의를 시작한 지 이제 겨우 2년 차에 접어들었고 영어가 모국어도 아닌 터라 학생들이 하는 말을 알아듣지 못할까 봐 혹은 내 말이 학생들에게 정확히 전달되지 않을까 봐 늘 전전긍긍했다. 그러던 중에 갑자기 온라인으로 수업을 하려니 불안하고 걱정이 되었던 것이다. 내 글의 논평에 대한 불평 아래에는 부족한 능력에 대한 부끄러움이 숨어 있었다. 이럴 때 상대방을 질책하거나 원망하며 공격적인 자세를 취하는 건 자신의 부족하고 취약한 면을 마주하고 싶지 않아서다.

마음속의 불평을 온전히 마주할 수 있을 때 불평 밑에 숨어 있는 취약성을 발견하게 된다. 어쩌면 사람의 모든 공격적인 행위 이면에는 창피함이나 불안함 혹은 숨기고 싶은 취약성이 숨어 있는지도 모른다.

예일대학의 교수 마크 브래킷은 그의 저서 『감정의 발견』에서 이렇게 말했다.

Part 2 내 안의 감정을 다루는 연습

'감정은 한 개인이 무언가를 경험할 때 내면에서 어떤 메시지가 발생하는지를 전하는 뉴스 보도와 비슷하다.'

나는 이 비유가 굉장히 마음에 들었다. 우리가 뉴스를 통해 외부 세계에서 무슨 일이 발생하는지 아는 것처럼 내면에서 보도하는 뉴스에 귀를 기울여야 감정을 이해하고 이러한 감정이 어떤 정보를 전달하려고 하는 것인지 알 수 있다.

모든 감정은 정보다. 특히 그중에서도 부정적인 감정은 아주 중요한 정보를 전달한다. 분노는 무언가를 침범당했거나 불공평한 일이 발생했다는 것을 알려주고 두려움은 위험을 알려주며 슬픔은 소중한 것을 잃었음을 깨닫게 해준다. 실망은 기대했던 일이 일어나지 않았음을 알려주고 부러움은 다른 사람이 가진 것을 나도 갖고 싶어 한다는 것을 알려주며 질투는 나에게 중요한 사람 혹은 일을 잃을지도 모른다는 두려움을 알게 해준다. 고독은 누군가 나를 바라봐주고 함께 있어주기를 바라는 마음을 알려주고 압박감은 자신이 너무 많은 사람들의 기대와 요구를 짊어지고 있다는 사실을 깨닫게 해준다.

당신의 불평은 무엇을 말해주고 있는가? 그 아래엔 어떤 감정이 숨어 있는가? 이러한 감정은 무엇을 알려주고 있는가?

환영받지 못한 것들을
환영하는 연습

•

내 침대 머리맡에는 언제나 미국 티벳 불교 스승인 페마 초드론의 책들이 놓여 있는데 가끔 자기 전에 펼쳐서 몇 단락씩 읽곤 한다. 그중에서도 가장 좋아하는 책은 『환영받지 못한 것들을 환영하다』이다. 이 책은 살면서 마주하는 괴로움이나 부정적인 감정을 기꺼이 받아들이고 환영해야 한다고 일깨워준다.

페마 초드론은 이렇게 말한다.

"우리는 실패하거나 인생이 원하는 방향으로 흘러가지 않을 때 내면의 취약성과 민낯의 감정을 마주하게 된다. 그러나 이러한 기회를 통해 자신의 아픔에 가까이 다가가 마음을 단련하고 한층 더 성장하며 다른 사람의 아픔을 이해할 수 있게 된다."

모든 일이 순조롭고 즐겁기만 한 상태에서는 변화하고 성장하는 것이 어렵다. 불편한 감정과 공존할 때 비로소 능력이 확장되고 변화할 수 있다.

부정적인 감정을 대면했을 때 가장 흔한 대처 방식은 도망치는 것이다. 그러나 회복력은 괴로움, 취약성, 부끄러움, 불완전함 등 환영받지 못한 감정을 환영할 때 생겨난다. 대체 어떻게 나쁜 감정을 환영할 수 있다는 걸까? 페마 초드론은 책에서 간단한 방법을 소개한다.

바로 마음속의 괴로움을 쫓아내려고 하기보다는 숨을 들이쉴 때마다 환영받지 못한 감정들을 내면으로 흡수한다고 상상하는 것이다. 가슴을 활짝 열고 모든 괴로움과 취약성이 들어올 수 있도록 환영해준다. 그리고 이러한 감정들이 내 안에 완전히 들어오면 더 이상 아무것도 하지 않아도 된다. 그저 함께 있는 것만으로도 충분하다.

원한다면 숨을 쉴 때 가슴을 조금 더 활짝 열고 자신의 괴로움뿐만 아니라 다른 사람들이 겪는 고통도 함께 흡수하고, 나의 고통과 다른 사람의 고통을 연결 지어 생각해보자. 부정적인 감정을 느끼는 것은 삶의 일부분이고, 이러한 감정을 느낀다는 것은 우리가 살아 있다는 확실한 증거다.

숨을 내뱉을 때는 기쁨, 즐거움, 사랑, 평온함, 건강 등 내가 원하는 감정을 밖으로 내보내 여전히 고통 속에 있는 사람들과 함께 나눈다.

나는 부정적인 감정이 찾아올 때마다 이 방법으로 호흡하며 괴로움을 환영해주려고 노력한다. 그리고 세상이 고통으로 가득 차 있을 때도 똑같이 호흡을 연습한다. 세상에 흩어져 있는 고통을 흡수하고 기쁨과 평온함을 함께 나누고 싶어서다.

우리 함께 환영받지 못한 것들을 환영해주는 연습을 해보자.

몸이 당신에게 들려주는 이야기

상담실을 찾아온 많은 사람들이 내게 이런 질문을 한다.

"제가 지금 어떤 감정을 느끼고 있는지 모르겠어요! 이럴 땐 대체 어떻게 해야 하죠?"

감정을 배우는 것은 새로운 언어를 배우는 것만큼이나 어려운 일이다. 내 안에 새로운 감정 사전을 만들어야 하기 때문이다. 나는 상담실을 찾아온 사람들에게 감정은 몸의 느낌이므로 몸에 어떤 감각이 느껴지는지 관찰하고 묘사하는 것에서부터 시작해야 한다고 설명한다. 예를 들면 가슴이 답답하다거나, 얼굴이 화끈거리고 머리가 어질어질하다거나, 위경련이 느껴진다거나 하는 증상을 자세히 관찰하는 것이다.

쉿, 몸이 무슨 이야기를
하고 있는가?

•

회복력은 몸속에 숨겨져 있다. 우리 몸은 거대한 그릇처럼 수많은 감정과 기억을 담고 있고 지금 무슨 일이 일어나고 있는지 수시로 정보를 전달해준다. 13세기 시인 루미는 "언어를 사용하지 않는 목소리에 귀를 기울여보라"라고 말했다. 당신은 몸이 하는 이야기에 귀를 기울여본 적이 있는가?

당신의 몸은 언제나 당신에게 말을 걸고 있다. 단지 당신이 귀를 기울이지 않을 뿐이다. 지금부터 언어를 사용하지 않는 몸의 목소리에 귀를 기울이는 연습을 해보자.

잠시 눈을 감고 지금 이 순간 몸에서 어떤 감각이 느껴지는지 찬찬히 살펴보라. 그 감각이 어떤 부위에서 느껴지는가? 감각이 느껴지는 부위에 손을 얹어보자. 만약 어깨가 무겁게 느껴진다면 어깨에 가만히 손을 얹고 천천히 호흡한다. 숨을 깊이 들이마실 때 신선한 공기가 어깨에 들어가 그 공간이 서서히 넓어지는 것을 상상한다.

그런 다음 몸에서 느껴지는 감각을 대표할 수 있는 도형이나 이미지 혹은 색깔을 상상해본다. 그것은 어떤 색깔이고 크기는 어떠한가? 또 내 몸의 감각을 소리로 나타낼 수 있다면 그것은 어떤 소리인가? 그 소리는 얼마나 크고 또 얼마나 자주 들리는가? 만약 이 감각이 몸속을 흐를 수 있다면 어떤 형태로 흐를까? 만약 지금 몸을 움직일 수 있다면 감각이 흐르는 방식대로 몸을 한번 움직여보라.

이것은 내가 상담실에서도 자주 사용하는 연습 방법이다. 회복력은 감정을 언어로 표현하는 것뿐만 아니라 크고 작은 감정들을 모두 수용할 수 있는 공간이 마련될 때 생겨난다. 우리 몸은 바로 이러한 공간이자 모든 감정을 담을 수 있는 커다란 그릇인 셈이다. 몸이 전달하는 정보를 들으려면 먼저 신경계통에 대한 이해가 필요하다.

스트레스에 대처하기

•

자율신경계통은 신체 기관을 움직이게 해주는 중요한 역할을 한다. 자율신경계통은 심장, 위, 방광 등 여러 장기의 기능을 조절하고 각각의 환경에 알맞게 스스로를 변화시켜 생존을 돕는다. 예를 들어 긴장하면 심장이 빠르게 뛰고 소화 기능도 떨어지는데 그 이유는 온몸의 에너지가 외부 세계의 위협과 위험에 맞서 싸우고 있기 때문이다.

신경계통은 매우 복잡하므로 여기에서는 간단한 개념만

최상층
(사회 연결)

중간층
(전투 혹은 도피)

최하층
(폐쇄 혹은 동결)

신경계통 사다리

알면 된다. 심리학자 스티븐 포지스는 다중미주신경 이론을 만들어내 사람의 자율신경은 주변 환경이 안전한가에 따라 세 단계의 반응을 보인다고 말했다. 미국의 임상사회복지사인 데브 다나는 이 세 단계를 이해하기 쉽게 사다리에 비유했다.

왼쪽의 그림에서 볼 수 있듯이 사람이 안전함을 느끼면 신경계통이 사다리의 최상층인 '사회 연결' 단계에 머무른다. 이 단계에서는 마음이 아주 평온하고 충분히 생각할 여유가 있으며 다른 사람과 연결될 수 있다. 그런데 사람이 갑자기 위협을 느끼면 신경계통은 사다리의 중간층으로 이동하고 '전투 혹은 도피' 상태로 진입한다. 이때 우리 몸은 스트레스 호르몬을 분비해 심장박동을 빠르게 하고 근육을 긴장시켜 위협에 대비한다.

위협이 더욱 격렬해지고 더 이상 반격하거나 도망칠 수 없다는 생각이 들면 신경계통은 사다리의 최하층으로 이동하고 '폐쇄 혹은 동결' 상태로 진입한다. 이때는 온몸에 무력감이 들고 마치 몸에 전원이 꺼진 것처럼 느껴진다.

포지스는 우리 몸에 위험을 감지하는 '뉴로셉션'이라는 장치가 있다고 말한다. 뉴로셉션은 뇌에서 충분히 생각한 다음 위험을 판단하는 것이 아니라 무의식적으로 위험을 탐지한다. 어떤 사람을 처음 만났는데 갑자기 불안함을 느낄 때가 있다. 그 이유는 내 몸의 뉴로셉션이 상대방에게서 어떤 위험 신호를 감지해 신경계통이 사다리 중간층으로 이동했기 때문이다.

우리는 매일 이 신경계통 사다리를 오르내린다. 아침에 일어났을 때 온몸이 무겁고 무기력하다면 사다리 최하층에 있는 것이다. 커피를 한 잔 마시고 일을 시작하면 신경계통이 다시 사다리 최상층으로 올라가고 효율적으로 일할 수 있다. 그런데 오후에 업무 리스트를 확인하다가 할 일이 너무 많이 쌓여 있는 걸 발견하면 사다리 중간층으로 내려온다. 이때부터 마음이 초조해지고 온몸이 긴장하는 걸 느낄 수 있다.

하루를 보내면서 잠깐씩 하던 일을 멈추고 지금 내 신경계통이 어디에 위치해 있는지 생각해보는 시간을 가져보자.

신경계통은 우리가 살아가고 위험에 맞서는 데 도움을 주는 좋은 친구다. 친구를 사귈 때 상대방을 잘 알기 위해 그의 말을 경청하듯이 자신의 신경계통을 잘 알고 이해하려는 노력이 필요하다.

아래에 있는 표를 완성하면서 한번 곰곰이 생각해보기를 바란다. 어떤 상황에서 내 신경계통이 사다리 최상층에 머무르는지, 또 어떤 상황에서 사다리 중간층 혹은 최하층으로 내려가는지, 그리고 각 층에 머무를 때 몸의 상태나 느낌이 어떠한지를 말이다.

신경계통은 우리가 하루 동안 받는 스트레스에 잘 대처할 수 있도록 도와준다. 그러므로 때때로 잠시 멈춰서 신경계통이 다시 최상층으로 올라갈 수 있도록 도와줘야 한다. 신경계통을 다시 최상층으로 올리기 위해 어떤 일들을 할 수 있는지 생각해보자.

	상황	몸의 상태 및 생각
최상층	어떤 상황에서 신경계통이 사다리 최상층에 머무르는가?	☐ 사고가 명료하고 결정을 내릴 수 있다 ☐ 마음이 평온하다 ☐ 몸이 가볍다 ☐ 호기심이 있다 ☐ 자신감이 있다 ☐ 주변 모든 것에 흥미가 있다 ☐ 학습할 수 있다 ☐ 집중할 수 있다 ☐ 다른 사람과 유대감을 느낀다 기타:

	상황	몸의 상태 및 생각
중간층	어떤 상황에서 신경계통이 사다리 중간층으로 내려오는가?	☐ 심장박동이 빨라지고 호흡이 가빠진다 ☐ 몸이 긴장한다 ☐ 어떤 생각을 멈출 수 없다 ☐ 초조하고 긴장된다 ☐ 두렵다 ☐ 불안하다 ☐ 쉽게 화가 난다 ☐ 도망치고 싶다 ☐ 언어 혹은 물리적 공격 충동이 든다 ☐ 쉽게 잠들지 못한다 ☐ 세상이 위험하다는 생각이 든다 기타:
최하층	어떤 상황에서 신경계통이 사다리 최하층으로 내려오는가?	☐ 몸을 움직일 수 없다고 느낀다 ☐ 무력감을 느낀다 ☐ 절망한다 ☐ 공허하다 ☐ 생각을 제대로 할 수 없다 ☐ 몸의 전원이 꺼진 것 같다 ☐ 우울하다 ☐ 흥미와 열정이 사라진다 ☐ 몸이 무겁고 무기력하다 ☐ 몸과 마음이 분리된 것 같다 ☐ 외롭다 ☐ 나를 사랑해주고 관심을 가져주는 사람이 없는 것 같다 기타:

안전함 느끼기

●

신경계통은 매일 당신과 함께 여러 가지 상황에 대처한다. 지금 이 순간 자신이 사다리의 어느 층에 위치해 있는지 깨닫는 것은 아주 중요하다. 만약 이를 깨닫지 못하면 몸에 나타나는 상태의 지배를 받게 된다. 그러나 신경계통이 어느 위치에 있는지 깨달으면 자신의 상태를 정확히 볼 수 있게 되고 관찰자로서 자신의 상태와 함께 있게 된다. 상태의 지배를 받게 되면 아무런 통제권이 없지만 관찰자라면 변화를 시도할 수 있다.

두렵고 혼란할 때일수록 자주 멈춰서 자신의 신경계통이 사다리의 어느 층에 위치해 있는지 관찰해봐야 한다.

내가 자주 사용하는 방법이 하나 있는데, 일을 하다가 잠시 멈추고 알람을 설정해놓은 상태로 심호흡하고 스트레칭을 하는 것이다. 이렇게 하면 신경계통을 다시 최상층으로 올려보내는 데 도움이 된다.

신경계통을 다시 사다리 최상층으로 올라가게 하는 방법은 여러 가지가 있다. 그중에서 가장 간단한 방법은 바로 복식호흡이다. 숨을 들이마실 때 배를 크게 부풀리고 내쉴 때 배를 집어넣는다. 이때 숨을 내뱉는 시간이 들이마시는 시간의 2배여야 한다. 예를 들어 숨을 4초 동안 들이마셨다면 8초 동안 천천히 숨을 내뱉는 것이 좋다. 그 이유는 숨을 내뱉는 동작을 통해 안정감을 느낄 수 있기 때문이다.

일상생활에서 어떻게 하면 잠시 멈춤의 시간을 갖고 신경계통을 조절할 수 있을지 생각해보자. 예를 들어 멈춤의 시간을 휴식 시간과 연계해보는 건 어떨까? 만약 당신이 의사라면 회진을 돌 때 병실 한 곳을 나올 때마다 심호흡을 세 번 하고, 전화 업무가 많은 사람이라면 전화 통화를 끝낼 때마다 심호흡을 세 번 하는 식이다.

나는 신경계통이 사다리의 중간층 혹은 최하층으로 내려갔다는 생각이 들면 스스로에게 이렇게 말한다.

'나를 도와주려고 내 몸이 스트레스 반응을 보여주는 거야. 신경계통아, 도와줘서 정말 고마워.'

그런 다음 두 발을 땅에 딛고 서서 발바닥이 땅에 온전히 닿아 있음을 느껴보고 이렇게 말한다.

'나는 지금 여기에 있어. 나는 안전해.'

우리는 정보가 범람하는 시대에 살고 있다. 인터넷을 통해 수많은 편리함을 누리고 있지만 동시에 불안과 두려움도 증가했다. 매일 폭발적으로 업데이트되는 뉴스와 소셜 미디어의 정보로 인해 신경계통은 쉽게 사다리의 중간층 혹은 최하층으로 내려간다. 외부 세계의 변화가 빠르고 혼란스러울 때일수록 나의 속도를 줄여야 한다. 천천히 호흡하고, 천천히 말하고, 천천히 반응하라.

매일 잠시 멈춰서 자신의 신경계통을 조절하는 시간을 자주 가져야 한다. 회복력은 바로 우리 몸이 정상적으로 호흡하고 움직이는 것에서부터 출발하기 때문이다.

몸은 오직 지금 이 순간을 살아간다. 과거와 미래를 오가며 각종 불안과 두려움을 데려오는 것은 바로 사람의 두뇌. 불안하고 두려울 때면 자신을 현재로 데려오는 연습을 하라. 지금 이 순간을 안전하게 살아가고 있는 자신의 몸으로 말이다.

회복력은 바로 우리 몸 안에 있다. 자신의 신경계통과 좋은 친구가 된다면 몸속에 숨어 있는 회복력을 발휘할 수 있을 것이다.

고독을 가까이하는 연습

2019년 5월의 어느 날 하와이에 살고 있는 서른다섯 살의 요가 강사 어맨다는 혼자 산으로 산책을 갔다. 그녀는 등산로 입구에 차를 세워놓고 가볍게 산책을 하고 돌아올 생각으로 휴대폰과 물통을 모두 차에 두고 길을 나섰다. 그런데 방향을 잘못찾아 깊은 산속에서 길을 잃고 말았다. 17일 후 그녀는 구조대에게 극적으로 구조되었다.

어맨다는 기자회견에서 이렇게 말했다.

"구조 헬리콥터가 보였을 때 저는 풀을 씹어 먹고 있었어요. 그건 그날의 저녁이었죠."

나는 기자회견 영상을 보면서 그녀가 어떻게 깊은 산속에서 17일이나 생존할 수 있었을까 계속 생각했다.

어맨다가 이렇게 말했다.

"저는 휴대폰도 나침반도 없었어요. 가진 것이라고는 제 직감밖에 없었죠. 그래서 왼쪽으로 가야 할지, 오른쪽으로 가야 할지, 이 풀을 먹어도 괜찮을지, 이 물을 마셔도 괜찮을지 고민이 될 때마다 내면의 목소리에 귀를 기울였어요. 처음 며칠은 절망적이었어요. 구조 헬리콥터가 저를 못 보고 지나쳤을 때는 정말 모든 걸 포기하고 싶었죠. 그러다가 어느 순간 제가 처한 상황을 받아들이게 되었어요. 그때부터 살아남겠다는 강한 의지가 생겼지요. 그러고 나서는 머릿속에 복잡한 생각을 비우고 지금 이 순간에 완전히 집중해야겠다는 마음이 들었어요. 집중하지 않으면 잘못해서 발목을 삐끗할 수도 있고 발을 헛디뎌 절벽 아래로 떨어질 수도 있었으니까요. 저는 매 순간 선택을 해야 했어요. 그리고 제 선택은 언제나 지금 이 순간에 살아남아야겠다는 것이었어요."

어맨다의 이야기는 정말 경이로웠다. 어느 날 밤 갑자기 큰비가 내리기 시작했는데 30분 넘게 세찬 빗속에 앉아 있으면서 걱정이 들기 시작했다. 분명 이 산이 바다에서 꽤 멀리 떨어져 있다는 걸 알았지만 그래도 혹시나 물에 휩쓸리기라도 하면 어쩌나 하는 두려움이 몰려온 것이다. 그때의 상황을 어맨다는 이렇게 묘사했다.

"그때 제 손에는 아무것도 없었어요. 유일하게 가지고 있

Part 2　내 안의 감정을 다루는 연습

당신의 마음속에는 괴로움을 안고 있는
어린아이가 여러 명 살고 있을지도 모른다.
지금 당신이 해야 할 일은
그 아이들을 사랑해주는 것이다.

는 것은 제 마음뿐이었죠. 그래서 명상을 하기 시작했어요. 그렇게 명상을 하다 보니 차츰 마음이 평온해지는 것을 느꼈어요."

우리가 곁에 지니고 있는 것들을 하나씩 하나씩 벗겨내면 결국 민낯의 나 자신만 남는다. 다른 어떤 사물의 간섭도 없이 가장 진실한 자신의 모습과 함께 있는 것은 어떤 느낌일까? 최근에 나의 가장 진실한 모습을 마주한 건 언제였는가?

고독에 가까이 다가서기

•

나는 원래 혼자 있는 것을 좋아한다. 혼자 책을 읽고, 생각하고, 글을 쓰고, 산책하고, 자연을 감상하는 것을 즐기는, 혼자만의 시간이 꼭 필요한 사람이다. 이처럼 나는 혼자 있는 시간을 통해 에너지를 충전한다. 그동안 한 번도 고독을 두려워해본 적이 없다. 그런데 그런 내가 이번 팬데믹을 겪으며 지독한 고독함에 시달릴 줄은 상상도 못 했다.

대만에서 휴가를 보내고 미국으로 돌아왔을 때 이곳은 이미 락다운이 시작되어 있었다. 가족이나 친구 등 주변 사람들과의 교류가 현저히 줄어들고 새 학기의 시작이 미뤄지는 바람에 뜻하지 않게 바쁜 일도 사라져버렸다. 그렇게 2주일 정도 아주 고독한 시간을 보냈다. 마치 텅 비어버린 몸이 중심을 잃고

Part 2 내 안의 감정을 다루는 연습

둥둥 떠다니는 기분이 들었다. 그러나 어느 날 나처럼 해외에서 일하는 친구와 전화로 이러한 기분에 대해 이야기하다가 고독이란 텅 비어버린 느낌이고 이러한 느낌이 사람을 불편하고 불안하게 만든다는 것을 깨달았다.

나는 어맨다가 깊은 산속에서 홀로 보낸 17일의 시간과 폭우가 쏟아졌다던 그날 밤의 이야기를 다시 떠올려보았다. 외부 세계의 모든 사물이 사라졌을 때 그녀에게 남은 것은 자신의 내면뿐이었다. 어맨다가 그랬던 것처럼 고독을 애써 밀어내지 않고 가까이 다가가 자신의 진실한 내면과 마주한다는 것은 어떤 걸까 궁금했다.

어떤 책에서 이런 이야기를 읽은 적이 있다. 두 명의 신이 있었는데 그들은 어디에 보물을 숨겨야 인간이 절대 찾을 수 없는지에 관해 토론을 벌였다. 그들은 여러 장소를 떠올려봤지만 모두 인간이 쉽게 발견할 수 있는 곳이었다. 그러다 한 신이 말했다.

"인간의 마음속에 보물을 숨겨야겠어. 그곳은 아무도 찾지 않는 곳이니까!"

우스갯소리로 한 이야기지만 이 말은 아주 정확하다. 사람의 내면에는 아주 광활한 세계가 펼쳐져 있지만 그 안으로 들어가려는 사람은 거의 없다. 이 사회는 사람들이 외부 세계에 조금 더 집중하도록 훈련시킨다. 그러다 보니 사람들은 늘 멋진 여행지를 찾아다니고 미식을 즐기며 각종 모임에 참석하느라 바쁘다. 외부를 탐색하는 이러한 열정을 당신의 내면세계를 탐색하는 데 사용해보면 어떨까? 당신의 내면세계에는 무엇이 있는가? 어떤 건축물이 있고 풍경은 어떠한가? 어떤 사람이 함께 있고 또 어떤 소리가 들리는가?

당신의 내면세계는 아주 광활하다. 그리고 언제나 당신이 탐색하고 살펴봐주기를 기다리고 있다. 슬픔, 기쁨, 괴로움, 실망, 분노 등의 감정은 당신을 내면세계로 초대하는 초대장이고, 이러한 감정들을 따라가면 그 세계로 들어갈 수 있다. 내면으로 들어가기 위해서는 먼저 속도를 줄이고 멈춰서 자기 자신과 함께 있는 시간을 가져야 한다.

나와 감정의 관계를 바꿔라

•

사람은 내가 좋아하는 사람과 함께 있고 싶어 한다. 그렇다면 당신은 스스로를 좋아하는가? 당신은 자신의 곁에 머무는 것을 좋아하는가?

상담실을 찾아오는 사람들이 자주 하는 말 중에 하나가 '내가 정말 싫어요!'다. 그들은 자신의 모든 감정, 생각, 행동을 싫어하고 거울에 비친 자신의 모습을 마주하고 싶어 하지 않는다. 자기 자신이 싫은 사람은 당연히 자신과 함께 있고 싶지 않다.

어쩌면 당신은 자신의 일부, 예를 들면 자신의 감정, 생각, 행동이 마음에 들지 않을 수 있다. 남보다 똑똑하지 않아서, 성적이 좋지 않아서, 몸매가 예쁘지 않아서, 얼굴이 못생겨서, 잘하는 일이 없어서, 아무도 사랑해주는 사람이 없어서 나 자신이 싫어지기도 한다. 그래서 어떻게든 싫어하는 부분을 밀어내려고 애쓰면서 부와 지위, 학력과 성적 등으로 자신의 외면을 멋있게 포장하려고 노력한다. 또 여러 가지 방법으로 자신이 싫어하는 부분을 애써 외면하기도 한다. 정신없이 바쁘게 일하거나, SNS에 빠져 하루 종일 휴대폰을 들여다보거나, 인터넷 쇼핑을 하거나, 드라마에 빠지거나, 폭음과 폭식을 하거나, 약물 혹은 알코올에 의존하는 식으로 말이다.

중독 치료 전문가인 가보르 마테는 그의 책에서 중독에 빠진 사람을 불교의 '굶주린 유령'에 빗대어 설명한다. 굶주린 유령은 배가 아주 크고 가늘고 긴 목을 가졌으며 아무리 먹어도 배가 부른 줄 모른다. 그는 이 사회의 많은 사람들이 굶주린 유령처럼 외적인 물질, 명예, 권력 등으로 내면의 공허함을 채우려 한다고 지적한다. 그러나 외적인 것은 절대 내면의 공허함을 채워줄 수 없으며 내면을 채우기 위해서는 직접 그 안으로 들어가야 한다고 강조한다.

　자신의 내면으로 들어간다는 것은 내면의 모든 부분, 즉 자신의 아름답고 자랑스러운 부분뿐만 아니라 마주하기 두렵고 외면하고 싶은 부분까지 모두 마주해야 한다는 의미다. 내면으로 들어가 나 자신과 함께한다는 것은 내가 싫어하는 부분을 바꾸기 위해서가 아니라, 내가 싫어하는 부분과 나와의 관계를 바꾸기 위해서다.

　예를 들어 내가 서툴러서 늘 창피하게 생각하는 부분을 마음속에 사는 어린아이라고 상상해보자. 당신은 바로 이 어린아이의 부모다. 이 아이는 행동에 문제가 많기 때문에 밖에 데리고 나가는 것이 망설여진다. 행여나 밖에서 실수를 저질러 당신을 창피하게 할까 봐 두렵기 때문이다. 그래서 아이를 매일 집에 가둬놓는다. 하지만 출근을 할 때면 혹시나 아이가 혼자서 집 밖으로 나가지 않을까 걱정된다. 그래서 일을 그만두고 매일 이 아이를 감시하기로 결심한다. 아이가 가까이 다가오면 당신은 소리를 지르며 아이를 밀어낸다. 그러던 어느 날 참다못해 아이를 방에 가두고 방문을 잠가버렸고, 당신은 그날 이후 수시로 방을 확인한다.

　물론 매우 극단적인 비유지만 이것이 바로 대부분의 사람들이 자신의 생각 혹은 감정과 맺고 있는 관계다. 우리는 늘 그것들을 향해 소리 지르고, 외면하고, 어떻게 해서든 밖으로 나오지 못하게 가둬놓거나 쫓아내기 일쑤다. 그런데 이러한 관계는 일상생활에도 큰 영향을 준다. 숨기고 싶은 생각과 감정에 저항하느라 많은 힘을 소모하기 때문이다.

마음속의 어린아이를
사랑하라

•

감추고 싶은 내면의 생각 혹은 감정을 마주했을 때 그것을 바꾸려고 하기보다는 나와 그것의 관계를 바꿔야 한다. 어쩌면 당신의 마음속에는 괴로움을 안고 있는 어린아이가 여러 명 살고 있을지도 모른다. 지금 당신이 해야 할 일은 그 아이들을 사랑해주는 것이다.

만약 아이가 수줍게 당신 곁에 다가오면 따뜻하게 안아주며 이렇게 말해줘라.

"네가 얼마나 힘든지 잘 알아. 내가 여기에 함께 있으니 걱정하지 마."

또 아이에게 무엇이 필요한지 경청하고 이해하려고 노력해라. 당신이 아이를 진심으로 이해해주면 아이의 문제 행동은 점차 줄어들 것이고, 아이를 밖에 데리고 나가는 것이 조금씩 편해질 것이다. 이제는 둘 사이에 굳은 신뢰가 생겼기 때문이다. 아이와 소통하고 아이를 위로하는 법을 배운다면 싸우고 저항할 때보다 마음의 힘이 강해져 더 나은 삶을 살 수 있다.

이것이 바로 미국의 심리치료사 리처드 슈와츠 박사가 만든 내면가족시스템치료이자 내가 상담을 하면서 주로 사용하는 치료 방법이다. 우리는 자신의 내면에 있는 모든 생각 혹은 감정과 따뜻하고 원만한 관계를 맺을 수 있고, 누구나 그럴 만한 능력을 지니고 있다.

자신을 사랑하고, 자신의 내면에 함께 머무른다는 것은 결국 자신의 모든 부분과 좋은 관계를 맺는다는 의미다. 무엇인가를 바꾸고 밀어내려고 하기보다 자신의 모든 면을 이해해주고 환영해줘야 한다.

고독이 가까이 다가올 때면 피하지 않고 고독의 곁을 지킨다. 그리고 이렇게 말해준다.

"내가 여기에 함께 있으니 넌 외롭지 않아."

마음챙김 지도자 존 카밧진의 책 제목을 보며 많은 생각이 들었다. 'Wherever you go, there you are.' 당신이 어디를 가든 거기에 당신이 있다는 뜻이다. 우리는 흔히 직장을 옮기거나 다른 지역으로 이사를 가면 내가 바뀔 거라고 생각한다. 하지만 당신이 어디에 있고 환경이 어떻게 바뀌든 당신은 여전히 당신 자신과 함께 있다.

살면서 수많은 사람들을 만나지만 나 자신만큼 나와 오 랜 시간을 함께한 사람은 없다. 나 자신을 사랑하고 나와 함께 하는 시간을 즐긴다면 이번 생은 절대 고독하지 않을 것이다. 자 신을 사랑하고 자신의 곁에 머무르기를 원하는 사람은 내면의 모든 부분을 사랑할 수 있는 사람이다. 어둡고, 아프고, 마주하 고 싶지 않은 부분까지도 말이다. 우리가 자신의 모든 부분을 온 전히 받아들일 수 있을 때에야 비로소 다른 사람도 받아들일 수 있다.

Part 3

생각을 내 편으로 바꾸면 인생이 달라진다

넘어지는 것을 두려워하지 마라

회복력을 키우는 데 중요한 기반이 되는 것 중 하나가 바로 실패를 바라보는 시각이다.

당신은 실패를 어떻게 바라보는가? 자신이 실패하거나 다른 사람이 실패하는 것을 봤을 때 당신은 어떻게 반응하는가?

심리학자 가이 윈치는 저서 『아프지 않다는 거짓말』에서 아주 흥미로운 장면을 언급했다. 지금 내 눈앞에 두 살 아이 네 명이 각각 똑같은 장난감을 갖고 놀고 있다고 상상해보자. 이 장난감은 귀여운 곰 인형이 들어 있는 상자다. 곰 인형을 상자에서 꺼내려면 상자 위에 있는 버튼을 오른쪽에서 왼쪽으로 밀기만 하면 되는데, 두 살 아이들에게는 아직 이 동작이 어렵다.

곰 인형과 아이들

•

첫 번째 아이가 버튼을 눌러보지만 아무것도 움직이지 않는다. 그래서 이번에는 버튼을 힘껏 두드렸더니 상자가 멀리 굴러가버린다. 아이가 상자를 잡으려고 손을 뻗어봤지만 너무 멀리 있어 잡히지 않는다. 그러자 아이는 몸을 돌려 자기 기저귀를 만지며 놀기 시작한다.

두 번째 아이는 버튼을 여러 번 눌러도 상자에서 곰 인형이 나오지 않자 상자 옆에 앉아 입술을 실룩거리며 가만히 바라본다.

세 번째 아이는 먼저 상자를 열어보려고 시도한 다음 버튼을 누르기 시작한다. 몇 분 후 아이가 드디어 버튼을 옆으로 미는 데 성공하자 상자가 열리면서 곰 인형이 나온다. 아이는 웃으면서 곰 인형을 다시 상자에 집어넣고 버튼을 밀면서 놀이를 반복한다.

네 번째 아이는 세 번째 아이가 상자를 여는 것을 보고 갑자기 얼굴이 붉어지더니 손에 들고 있던 상자를 던져버리고 울기 시작한다.

이 장면을 상상하면서 당신은 어떤 생각이 들었는가?

마침 내게도 이제 막 두 돌이 된 쌍둥이 조카가 있다. 그래서 이 글을 읽을 때 조카들이 장난감을 가지고 노는 귀여운 모습이 머릿속에 떠올랐다. 과연 쌍둥이 조카들이었다면 어떻게 반응했을까? 만약 조카들이 실패하고 곧바로 포기해버리거나 울음을 터트린다면 다가가 이렇게 말해주고 싶다.

"실패해도 괜찮아. 다시 한번 해볼까? 고모가 너희들 옆에 함께 있으니 걱정하지 마."

이제 30년이라는 세월이 흘러서 이 아이들이 어른이 되었다고 상상해보자. 과연 이들은 실패했을 때 어떤 반응을 보여줄까?

네 아이가 보여준 반응은 우리가 실패에 직면했을 때 보이는 반응과 비슷하다. 실패를 경험하면 성공이 아주 멀리 있는 것처럼 느껴진다. 그래서 첫 번째 아이처럼 손을 뻗었는데 상자가 손에 잡히지 않으면 곧바로 포기하고 다른 일을 시작한다. 실패를 경험하면 무력감이 들어 다시 시도하는 것을 쉽게 포기해버린다. 입술을 실룩거리며 상자를 바라보던 두 번째 아이처럼 말이다. 어떤 사람들은 세 번째 아이처럼 성공할 때까지 계속 시도하고, 또 어떤 사람들은 네 번째 아이처럼 다른 사람의 성공에 압도되어 시도하기도 전에 실패할 거라고 생각해버린다.

이제 당신의 실패 경험을 천천히 떠올려보자. 실패와 좌절을 경험했을 때 당신은 어떻게 반응했는가? 어떤 실패를 경험했을 때 다시 시도하고 싶었고, 어떤 실패를 경험했을 때 포기하고 싶었는가?

우리가 실패를 두려워하는 이유

●

우리가 현재 실패를 바라보는 시각은 대부분 태어나고 자라온 가정환경, 성장 과정, 사회에서 주입한 가치관에 의해 결정된다.

최근의 실패 경험들을 돌이켜보며 실패를 경험했을 때 마음속에서 어떤 목소리가 들렸는지 떠올려보자.

'실패는 _____ 을 의미한다'

위의 문장을 완성해야 한다면 빈칸에 무엇을 쓰겠는가? 실패에 대해 갖고 있는 생각들을 모두 한번 써보기를 바란다.

상담실을 찾아온 사람들, 친구들, 인터넷에 올라온 각종 사연들을 살펴보면 많은 사람들이 실패 후 마음속에서 이런 소리를 들었다고 한다.

'나 같은 사람은 아무도 사랑해주지 않을 거야.'

'나는 잘하는 일이 하나도 없어.'

'망했어. 내 인생은 끝이야.'

'내가 다 망쳤어. 난 정말 멍청해!'

'실패할 줄 알았어. 시도하지 말았어야 해!'

'다들 나를 아무 쓸모도 없는 바보 취급할 거야. 정말 창피해!'

아마 누구에게나 실패했을 때 크게 야단을 맞거나 창피를 당했던 경험이 있을 것이다. 자식을 자신의 소유물처럼 여기는 부모들은 아이가 실패하거나 실수했을 때 이를 창피하게 생각한다. 아이의 실패는 곧 부모로서 자신의 능력이 부족하다는 걸 보여준다고 생각하기 때문이다. 이런 부모들은 자신이 느끼는 실패에 대한 두려움을 알게 모르게 자식들에게 전달하고, '절대 실패하면 안 된다'고 끊임없이 주입시킨다.

당신의 부모 혹은 주 양육자가 실패를 대하는 태도가 어땠는지 한번 생각해보자. 학교를 다닐 때 당신의 선생님은 실패를 어떻게 설명했는가? 실패를 질책했는가, 아니면 격려하고 축하해줬는가? 당신이 실패하거나 실수했을 때 그들은 어떤 반응을 보였는가? 또 무슨 말을 해줬는가?

실패를 축하해!

●

회복력은 역경 속에서 다시 튀어 오르는 힘이자 실패와 좌절을 통해 성장하는 능력이다. 실패를 여러 각도에서 바라볼 수 있는 '감정의 민첩성'은 회복력을 키우는 중요한 요소 중 하나다. 실패는 위협이 아니라 도전이라고 생각해야 한다. 도전이라고 생각하면 기꺼이 다가갈 수 있지만 위협이라고 생각하면 당장이라도 도망치고 싶기 때문이다.

앞에서 실패에 대한 자신의 생각을 종이에 써봤다면 이제 이러한 생각이 어디에서부터 비롯되었는지 한번 살펴보자. 이러한 생각이 당신의 인생을 어떤 방향으로 이끌고 갔는가? 당신이 부모 혹은 선생님이라면 이러한 생각이 내 아이나 학생을 가르칠 때 어떤 영향을 줄까? 당신은 아이가 실패했을 때 격려해주는가, 아니면 실패를 질책하는가?

미국의 유명 속옷 브랜드 스팽스의 창업자 사라 블레이클리는 지난 2012년 《포브스》가 선정한 최연소 여성 억만장자다. 그녀는 한 인터뷰에서 자신의 성장 과정을 이야기하며 아버지가 주말 저녁이면 이런 질문을 했다고 말했다.

"이번 주에는 어떤 실패를 했니?"

사라 블레이클리는 아버지가 남겨주신 가장 큰 선물은 실패를 '좋지 않은 결과'나 '나의 부족함'으로 생각하지 않고 '계속 도전해야 할 과제'로 생각하게 만들어준 것이라고 했다. 그런 아버지의 영향으로 그녀는 창업 과정에서 실패에 대한 두려움을 내려놓고 계속 용기 있게 도전할 수 있었다.

만약 성장 과정에서 내가 실패할 때마다 부모님이나 선생님이 축하와 격려를 해줬다면, 또 '이번 실패를 통해 무엇을 배웠니?'라고 다정하게 물어봐줬더라면 현재 실패에 대한 나의 생각이 어떻게 바뀌었을까? 그래서 내가 실패를 두려워하지 않고 심지어 실패를 반가워하고 실패 경험을 통해 새로운 것을 배울 수 있는 사람이 되었다면 인생이 어떻게 달라졌을까? 나는 어떤 결정을 내리고 어떤 인생을 살게 될까?

실패를 두려워하는 마음속
어린아이에게

앞에서 묘사한 네 명의 어린아이 중 세 명은 실패했을 때 굉장히 큰 무력감을 느꼈고, 자신은 이 일을 할 수 없다고 포기하거나 크게 울어버렸다. 만약 이 세 명의 아이가 지금 당신 앞에 있다면 어떻게 하겠는가?

나는 먼저 세 아이의 마음을 위로하고 이렇게 말해주고 싶다.

"실패해도 괜찮아. 그리고 실패는 좋은 일이야. 어떤 방법이 안 되는지 알았으니 다른 방법으로 한번 해볼까?"

누구나 살다 보면 실패하거나 실수할 수 있고, 그렇다고 해서 네가 부족한 사람이라는 의미는 절대 아니라고도 말해주고 싶다. 만약 당신이 이 세 아이들 곁에서 격려하고 응원해준다면 아마 이 아이들은 계속 도전하고 싶은 마음이 생길 것이다.

당신의 마음속에도 어린아이가 한 명 살고 있다. 실패를 두려워하고 새로운 도전 앞에서 할까 말까 망설일 때 이 아이는 잔뜩 긴장해서 이렇게 외친다.

"안 돼! 하지 마! 분명 창피만 당할 거야!"

당신이 실패할 때마다 이 어린아이는 창피해서 얼굴을 들지 못한다. 내가 부족한 사람이라 실패를 했고, 이런 나를 아무도 사랑해주지 않을 거라고 생각하기 때문이다. 마음속의 어린아이가 이렇게 느끼는 이유는 실패는 아주 나쁜 것이라고 학습한 과거의 경험 때문이다. 당신은 이미 어른이 되었지만 이 어린아이는 여전히 과거 속에 갇혀 실패를 두려워하고 주눅 들어 있다.

앞에서 실패한 세 아이에게 해준 것처럼 당신의 마음속에 사는 어린아이에게도 따뜻한 위로와 격려를 건네보면 어떨까. 실패가 두려워 새로운 것에 도전하기 망설여지거나, 실패해서 마음이 괴로울 때면 마음속에 사는 어린아이와 대화를 나누고 있다고 상상해보자. 아이는 지금 무력하고, 두렵고, 괴롭다. 이런 아이를 곁에서 따뜻하게 위로하고 안아주면서 이렇게 말해주자.

"성공하든 실패하든 나는 언제나 너를 사랑해."

그리고 아이와 함께 축하의 인사를 나눠라.

"실패는 정말 좋은 일이야. 실패를 정말 축하해! 우리는 이 실패를 통해 많은 걸 배우게 될 거야!"

실패의 기억을
가볍게 털어내는 사람들

어떤 사람들은 실패 후에 영원히 주저앉아버리는 반면 어떤 사람들은 실패를 딛고 일어나 계속 앞으로 나아간다. 과연 이 둘의 차이는 무엇일까?

스탠퍼드대학의 심리학 교수인 캐럴 드웩 박사는 사람의 성공 여부는 '자신을 어떤 존재로 바라보는가'에 따라 결정된다고 말한다. 드웩 박사는 저서 『마인드셋』에서 고정형 사고방식과 성장형 사고방식이라는 2가지 사고방식에 대해 설명한다.

실패를 대하는 태도

●

마음속으로 이런 생각을 해본 적이 있는가?

'내가 그렇지 뭐, 난 원래 이런 일은 잘 못하니까.'

'저 사람이 늘 그렇지 뭐.'

사람은 절대 변하지 않을 거라고 생각하는 것이 바로 고정형 사고방식이다. 고정형 사고방식을 가진 사람은 재능, 성격, 창의성 등의 능력이 고정되어 있는 것이라고 생각한다. 다시 말해 사람의 총명함이나 재능은 평생 변하지 않고 같은 수준을 유지한다고 생각하는 것이다. 고정형 사고방식을 가진 사람은 언제나 자신의 능력을 증명하고 성과를 보여주기에 바쁘다. 타고난 능력은 평생 변하지 않는다고 믿기 때문에 모든 사람들에게 자신의 가장 멋지고 성공한 모습을 보여주고 싶은 것이다.

반대로 성장형 사고방식을 가진 사람은 재능이나 능력이 언제든 바뀔 수 있고, 자신이 얼마나 노력하고 경험을 쌓느냐에 따라 성장하고 변화할 수 있다고 믿는다.

그렇다면 고정형 사고방식과 성장형 사고방식을 가진 사람은 실패를 어떻게 바라볼까?

고정형 사고방식을 가진 사람에게 성공은 그가 얼마나 재능이 있는 사람인지 증명해주는 수단이고, 반대로 실패는 그가 재능이 없다는 걸 보여주는 수단이다. 그러니 당연히 시도하는 것이 두렵고 실패로부터 도망치고 싶을 것이다. 학교에서든 직장에서든 인간관계에서든 고정형 사고방식을 가진 사람들의 머릿속은 늘 이런 생각들로 가득하다.

'이렇게 하면 내가 성공할까? 실패할까?'

'이렇게 하면 다른 사람들 눈에 어떻게 보일까?'

'내가 지금 이기는 편에 잘 서 있는 걸까?'

한편 성장형 사고방식을 가진 사람에게 성공과 실패는 그리 중요한 문제가 아니다. 그들은 모든 도전과 실패 경험을 무언가를 배우고, 자신의 안전지대에서 벗어나 인생의 반경을 한 걸음 더 넓힐 수 있는 좋은 기회라고 생각하기 때문이다.

고정형 사고방식을 가진 사람은 실패했을 때 이를 창피해하며 자신이 능력 없고 부족한 사람이라고 자책한다. 반면 성장형 사고방식을 가진 사람은 실패했을 때 '내가 중요한 걸 또 하나 배웠구나!'라고 생각한다. 이렇듯 어떤 사고방식을 가졌느냐에 따라 실패를 대하는 태도도 완전히 다르다.

이 2가지 서로 다른 사고방식은 대부분 어렸을 때 형성된다. 한 연구자는 실험을 통해 고정형 사고방식을 가진 아이는 주로 자신이 익숙하고 잘하는 놀이를 반복하는 걸 좋아한다는 사실을 발견했다. 새로운 놀이에 도전하는 건 실패할 가능성이 있기 때문이다. 반면 성장형 사고방식을 가진 아이는 익숙한 놀이를 하나 한 다음에 새로운 놀이에 도전하는 걸 좋아했다. 고정형 사고방식을 가진 아이는 연구자에게 이렇게 말했다.

"똑똑한 아이는 실수하면 안 돼요!"

한편 성장형 사고방식을 가진 아이는 이렇게 말했다.

"저는 수업 시간에 모르는 내용이 있으면 손을 들고 선생님께 질문해요. 그런데 친구들은 손을 들고 질문하는 건 자신이 멍청하다는 걸 보여주는 거라고 싫어하죠. 하지만 저는 모르거나 틀린 것이 있으면 질문을 해서 틀렸다는 걸 알고 정확한 정보를 얻어야 한다고 생각해요."

위의 내용으로 미루어봤을 때 당신은 고정형 사고방식을 가진 사람인가? 아니면 성장형 사고방식을 가진 사람인가?

사고방식은 어디에서 오는가

•

만약 자신이 고정형 사고방식을 갖고 있다는 걸 깨달았다고 해도 너무 낙담할 필요는 없다. 당신이 어떤 상황에 처해 있든 변화를 통해 성장형 사고방식을 키울 수 있기 때문이다.

고정형 사고방식이든 성장형 사고방식이든 모두 배워서 만들어지는 것이다. 사고방식은 내면에 자리 잡은 신념에서 비롯되는데 이러한 신념은 자신이 태어나고 자란 가정이나 학교 또는 사회에서 주입한 가치관에 의해 만들어진다.

어렸을 때 시험을 잘 보면 '넌 정말 똑똑해, 대단해!'라는 칭찬을 듣고, 시험을 망치면 꾸중을 들었던 사람은 고정형 사고방식을 가진 어른으로 자랐을 가능성이 크다. 드웩 교수는 스탠퍼드대학에 갓 입학한 신입생들 중에도 고정형 사고방식을 가진 학생들이 정말 많다는 것을 발견했다. 대부분 어렸을 때부터 뛰어난 재능을 보여 많은 사람들의 칭찬과 찬양을 받으며 자랐고 늘 완벽한 모습을 보여주려고 애쓴 이들이기 때문이다. 가정과 학교에서 오직 성적만으로 아이를 정의하고 평가하는 문화에서 자란 아이들은 고정형 사고방식을 가진 어른으로 자라기 쉽다.

물론 고정형 사고방식에서 성장형 사고방식으로 전환하기 위해서는 시간과 연습이 필요하다. 드웩 교수의 책을 읽으면서 나 역시 어떤 면에서는 고정형 사고방식을 갖고 있다는 사실을 깨달았다. 나는 어렸을 때부터 서투른 일이나 할 수 없을 것 같은 일은 아예 시도하지 않았다.

그래서 이 책을 쓸 때 새로운 계획을 하나 세웠다. 그건 바로 그동안 잘 못 한다고 생각해서 시도조차 하지 않았던 일들을 한 달에 하나씩 배우기로 한 것이다. 나는 일상적이고 작은 일부터 시작했다. 베이킹을 배우고, 다양한 요리를 시도하고, 익숙하지 않은 분야의 책을 읽고, 예전에는 별로 좋아하지 않았던 분야의 지식을 공부했다. 매번 작은 성공을 이룰 때마다 이런 생각이 들었다.

'내가 해냈어! 나도 충분히 할 수 있는 일이었구나. 그 오 랜 시간을 나는 못 할 거라고 믿었다니!'

한 사람의 여성으로서 최근 이 사회가 여성에게 요구하 고 있는 신념이나 가치관에 대해 많은 생각을 해봤다. 미국의 심 리치료사인 에이미 모린은 여성이 성장하고 사회화를 이루는 과정에서 고정형 사고방식을 갖게 되기 쉽다고 말했다. 다시 말 해 실패의 원인이 인격의 결함에 있다고 생각하는 것이다.

자세히 생각해보면 실제로 우리 사회는 남자아이와 여자 아이에게 서로 다른 메시지를 전달하는 경우가 많다. 연구 결과 남자아이들이 시험을 망치면 그 원인을 대부분 올바르지 않은 '행위'에서 찾는다고 한다. 예를 들어 시험을 망쳤을 때 선생님 에게 이런 꾸중을 듣는다.

"네가 수업을 열심히 안 듣고 노력을 안 하니까 그렇지!"

그리고 시험을 잘 보면 '정말 똑똑하구나'라는 칭찬을 듣 는다. 그러나 여자아이의 경우 시험을 망치면 그 원인을 대부분 부족한 '능력'에서 찾는다. 예를 들어 여자아이가 시험을 망치면 선생님이 이렇게 말한다.

"너한테 수학이 많이 어려웠나 보구나."

그리고 시험을 잘 보면 이렇게 말한다.

"네가 수업을 열심히 듣고 노력을 많이 해서 그런 거야."

또 다른 연구 결과에 따르면 아이들이 네다섯 살 무렵에는 자신의 능력에 대한 자신감의 정도가 남녀 모두 비슷하지만 여섯 살이 되면서 현저히 차이가 난다고 한다. 여자아이들은 여섯 살이 되면 자신이 남자아이만큼 능력이 없고 똑똑하지도 않다고 생각한다.

이러한 연구 결과들을 읽으며 놀라지 않을 수 없었다. 세상에! 여섯 살밖에 안 된 어린아이가 벌써 자기 능력이 남자아이보다 못하다고 생각하다니. 대체 우리가 아이들에게 어떤 성별 고정관념을 심어준 걸까? 이제부터 내 조카들과 대화할 때 고정관념이 담긴 말을 하지 않도록 주의해야겠다는 생각을 했다.

평소에 자신이 갖고 있는 신념이나 가치관을 떠올려보고 그것이 고정형 사고방식에 속하는지, 성장형 사고방식에 속하는지 생각해보자. 당신은 언제부터 이러한 신념이나 가치관을 갖게 되었는가? 이것은 어디에서부터 비롯되었고 당신의 삶에 어떤 영향을 미치는가?

다른 사람의 성공이
어떻게 느껴지는가

●

고정형 사고방식에 관한 연구 자료를 읽을 때 굉장히 공감되는 부분이 있었다. 바로 고정형 사고방식을 가진 사람이 경쟁을 좋아하고 다른 사람들의 성취에 위협을 느낀다는 내용이었는데 이 부분에서 예전의 내 모습이 떠올랐다. 나는 다른 사람들과 나를 쉽게 비교했고 다른 사람들의 성공을 보면서 위협을 느꼈다. 그래서 괜히 속으로 남들을 멋대로 평가하는 등의 방어기제를 사용했다.

당신에게도 남과 자신을 비교하는 습관이 있다면 결코 혼자만의 문제는 아니니 안심하라. 각종 SNS 플랫폼이 보편화되면서 사람들 간의 비교와 경쟁은 더욱 불가피해졌다. SNS에 들어가 보면 친구가 이번에 어디로 여행을 다녀왔는지, 인생에 얼마나 재미있는 일들이 많은지 등을 모두 볼 수 있다. 그리고 화면 속 그들의 모습은 정말 완벽해 보인다. 한 연구 결과에 따르면 SNS를 둘러보는 시간이 길어질수록 다른 사람이 나보다 훨씬 뛰어나고 행복하다고 생각하게 된다고 한다.

하지만 SNS에서는 단지 외적인 모습만 볼 수 있을 뿐 그 사람의 내면에서 무슨 일이 일어나고 있는지는 볼 수 없다. 우리는 다른 사람이 겪고 있는 부정적인 감정을 과소평가하고 긍정적인 감정은 과대평가하는 경향이 있다. 다시 말해 다른 사람들은 모두 행복하게 잘 사는데 나만 잘 못 산다고 생각하는 것이다. 이러한 고독감은 스스로를 문제가 있는 사람으로 여기게 하고 이런 점을 창피하게 생각해 다른 사람에게 도움을 요청하지도 못하게 한다.

SNS를 자주 하다 보면 계속 다른 사람과 비교하게 된다. 모두 나보다 잘 살고 있는 것 같고 나만 혼자 뒤떨어진 인생을 살고 있는 것처럼 느끼는 것을 '상향비교'라고 하고, 반대로 다른 사람이 잘 못 사는 모습을 보고 우월감을 느끼는 것을 '하향비교'라고 한다. 상향비교든 하향비교든 이러한 비교는 신경계통을 압박해서 사다리 중간층으로 진입하게 만든다. 이 단계에서 자기 자신 혹은 타인을 비난하기 시작하면 간혹 사다리 최하층 단계로 진입하는 경우도 생긴다.

행복을 빼앗는 도둑, 비교

●

물론 지금도 남들과 비교하고 싶은 마음이 종종 들 때가 있다. 하지만 이제는 내가 지금 남들과 나를 비교하고 있고, 남들을 평가하고 있다는 사실을 금방 알아차리고 곧바로 비교를 멈춘다. 그리고 이러한 비교의 방어기제에 무엇이 숨어 있는지를 살펴본다. 다른 사람에 대한 비난은 사실 자신이 싫어하는 내면의 모습을 다른 사람에게 투영한 것이다. 그러므로 다른 사람에 대한 비난이나 평가는 사실 나 자신에 대한 비난이나 평가인 셈이다.

내가 다른 사람과 나를 비교하거나 그들을 평가하고 있다는 생각이 든다면, 그리고 다른 사람의 성공이 위협적으로 느껴진다면 먼저 자신의 내면에서 무슨 일이 벌어지고 있는지를 먼저 확인하자. 비난과 공격적인 행위 이면에 어떤 감정이 숨어 있는가? 나는 왜 비교하려고 하는가? 나는 무엇을 증명하고 싶은 걸까?

에이미 모린은 다른 사람을 '관점의 원천'으로 생각하는 연습을 해보라고 조언했다. 다른 사람이 성공한 모습을 보고 '저 사람은 나보다 조건이 좋잖아'라고 생각하기보다 '저 사람은 나와 다른 관점을 갖고 있구나'라고 생각한다면 성공에 대해 배우고 싶은 마음이 더욱 커질 것이다. 저 사람의 생각은 나와 어떻게 다를까? 나는 저 사람을 통해 무엇을 배울 수 있을까? 그것을 배운다면 내 인생에 어떤 도움이 될까?

새로운 관점의 원천을 받아들이면 다른 사람을 호기심 있게 관찰하고 그 사람의 좋은 점을 배울 수 있으며 성장형 사고방식을 키우는 데 도움이 된다.

요즘 나는 SNS를 둘러보며 인생을 즐겁게 살아가는 이들을 진심으로 축하해주고, 나와 다른 방식으로 살아가는 이들의 모습을 열린 마음으로 지켜보는 연습을 하고 있다.

인생이 거대한 바다를 항해하는 것이라면 사람은 각자 자신만의 항로를 갖고 있다. 거센 폭풍우를 지나고 있는 사람도 있고, 맑은 하늘 아래 순항하고 있는 사람도 있다. 우리는 사람이 저마다 가진 독특한 삶의 모습을 진심으로 축복해주고 지켜보는 연습을 해야 한다.

생각은 생각일 뿐 사실이 아니다

연구 결과에 따르면 사람은 하루에 약 1만 6천 개의 단어를 이야기한다고 한다. 그러나 이건 입 밖으로 직접 이야기하는 단어의 개수고, 우리 머릿속에서는 훨씬 더 많은 이야기가 오고 간다.

사람의 뇌는 뛰어나고 창의적인 편집자다. 이 편집자가 하는 일은 매일 각양각색의 이야기를 만들어내는 것이다. 인류는 무슨 일이든 의미를 찾는 걸 좋아하기 때문에 머릿속의 편집자는 매일 발생한 일을 재해석하고 새로운 줄거리를 첨가해 의미를 만들어준다. 사람은 정보가 부족할 때 불안을 느끼고 뇌에서는 이러한 공백을 채우기 위해 이야기를 만들어낸다.

매일 머릿속의 편집자가 들려주는 이야기에 귀를 기울여보라. 그는 당신에게 무슨 말을 하고 있는가?

뇌가 이야기를 만들어내는 것이 잘못된 일은 아니다. 하지만 우리는 종종 이야기가 뇌에서 편집되었다는 것을 잊고 모든 것을 사실처럼 받아들인다. 왜곡되거나 근거나 논리가 없는 이야기라고 하더라도 여전히 진짜라고 믿는다.

회복력은 사고의 탄력성을 통해 만들어진다. 탄력적인 사고방식을 키우려면 먼저 우리 뇌가 어떤 이야기를 만들어내고 있는지 파악하는 것이 중요하다.

오랜 시간 회복력을 연구해온 펜실베이니아대학의 캐런 레이비치 교수는 일반 대중들에게서 가장 흔히 보이는 5가지 관성적인 생각 습관에 대해 설명했다. 이 5가지 생각 습관은 우리 뇌에서 이야기를 만들 때 가장 흔히 사용하는 5가지 주제인 셈이다.

아주 흔한 5가지 생각 습관

5가지 생각 습관을 하나씩 알아보자. 아래 내용을 읽으면서 다음 질문에 대해 곰곰이 생각해보기를 바란다. 당신의 뇌가 가장 많이 사용하는 생각 습관은 무엇일까? 직장동료, 가족, 배우자, 친구를 대할 때 어떤 생각 습관을 사용할까? 실패하거나 좌절했을 때 가장 많이 사용하는 생각 습관은 어떤 것인가?

1 마음 읽기

심리상담사라는 직업을 갖고 있으면 가끔 재미있는 질문을 받는다. 특히 처음 만나는 사람에게 내 직업을 이야기해주면 농담 반 진담 반 이렇게 묻는 사람들이 있다.

"그럼 지금 제가 무슨 생각을 하고 있는지 알아맞힐 수 있나요?"

물론 나도 사람의 마음을 읽는 신비한 능력을 갖고 싶다. 다른 사람이 무슨 생각을 하고 있는지 알면 많은 일들이 간단히 해결될 테니.

그런데 우리 뇌는 종종 자신이 다른 사람의 마음을 읽을 수 있다고 생각한다. 다른 사람이 지금 무슨 생각을 하고 있고, 왜 저렇게 행동하는지 모두 다 안다고 생각하는 것이다. 예를 들어 회사에서 사장님의 호출을 받았다고 하자. 곧바로 뇌에서는 이야기가 만들어지기 시작한다.

'어제 내가 작성한 보고서가 마음에 들지 않아서 부르신 게 분명해. 어쩐지 아침부터 나를 한심하게 쳐다보시는 거 같았어. 내가 능력이 없다고 생각하실 거야…'

메시지 하나를 받았을 뿐인데 머릿속의 편집자는 벌써 여러 가지 이야기를 만들어내고 있다. 정말 대단하지 않은가?

부모와 자식, 연인, 친구, 동료 등 사람 사이의 모든 관계에서 섣불리 마음을 읽으려고 하면 그 관계는 깨지기 쉽다. 상대 방이 분명 그렇게 생각할 거라고 100퍼센트 확신하는 순간 더 이상 아무것도 묻지 않고 사실을 확인해보려고도 하지 않기 때문이다. 상대방과 소통하기보다 머릿속에서 만들어진 이야기를 사실로 받아들이는 것이다.

2   모두 내 탓이야

두 번째로 '모두 내 탓이야'라고 생각하는 습관이다. 말 그 대로 일이 발생한 이유가 모두 나 때문이고 내가 다 잘못했다고 생각하는 유형이다. 연인과 다투거나 갈등이 있을 때 무조건 자신의 탓이라고 생각하는 사람들이 있다.

'다 내 잘못이야. 뭐 하나 제대로 하는 것도 없고 매일 신경질만 내니 저 사람이 화가 날 만도 하지.'

다 자신의 잘못이라고 생각하기 시작하면 죄책감, 부끄러움, 슬픔 등의 감정을 느끼고, 마음의 문을 닫아버리거나 다른 사람과 소통하지 않게 된다.

3   모두 남 탓이야

위의 2가지와 정반대로 모든 원인을 다른 사람에게서 찾는 '모두 남 탓이야'라는 생각 습관이 있다. 무슨 일이 발생하든 그 원인이 100퍼센트 다른 사람에게 있으며 무조건 남의 탓이라고 생각하는 유형이다. 예를 들어 연인과 다투고 있을 때 머릿속의 편집자가 이런 이야기를 계속 만들어 전달하는 것이다.

'모두 저 사람 잘못이야. 나를 먼저 생각해주지 않고 이기적으로 행동해서 생긴 일이야. 다 저 사람 잘못이라고!'

무조건 남 탓으로 돌리는 생각은 분노의 감정을 불러일으킨다. 그리고 이러한 분노는 충동적인 행동으로 이어져 상대방과의 원활한 소통을 방해한다.

4 재난화

'재난화' 생각 습관을 가진 뇌의 편집자는 하나의 어떤 일이 발생했을 때 이를 시작으로 연달아 여러 가지 일들에서 발생할 최악을 상황을 떠올리고 결국 한 편의 재난극을 완성한다.

예를 들어 연인과 다투고 있을 때 머릿속에서 이런 이야기가 만들어지고 있는 것이다.

'이제 끝이야. 우린 결국 헤어지게 될 거야. 내일쯤 이별 통보를 하겠지? 헤어지고 나면 함께 친했던 친구들은 다 그의 편에 설 테고, 나는 친구들을 모두 잃게 될 거야. 이별의 상처 때문에 일을 제대로 못 해서 해고를 당하게 되겠지. 직장을 잃으면 월세를 내지 못해서 부모님 집으로 다시 들어가야 하고 매일 부

모님의 잔소리에 시달려야 할 거야. 친척들도 분명 내 인생이 실패했다고 생각할 거야….'

이것은 머릿속의 편집자가 만들어낸 한 편의 재난극이다. 엄청난 '재난'이 다가올 거라는 생각이 들면 두렵고 불안해진다. 그래서 재난으로 인해 일어날 수 있는 최악의 결과들을 상상하느라 온 힘을 쏟게 되고, 정작 지금 해결해야 하는 중요한 문제는 손을 대지 못한다. 앞에서 예를 들었던 연인의 경우, 지금 당장 해야 할 일은 상대방과 소통하고 다툼의 원인이 되었던 문제를 해결하는 것이다.

5   무력감

마지막으로 흔히 볼 수 있는 생각 습관은 바로 '무력감'이다. 이 생각 습관은 무엇을 해도 상황을 바꿀 수 없다고 여긴다. 예를 들어 회사에서 해고를 당했을 때 뇌에서 이런 메시지를 보내는 것이다.

'내 나이가 벌써 마흔인데, 이 나이에 새로운 일을 시작한다는 건 불가능해. 지금 같은 상황에 일자리를 찾을 수 있기는 할까? 난 평생 실업자로 살아야 하나 봐!'

무엇을 해도 안 될 거라는 무력감은 아무리 노력해도 희망이 없고 아무것도 변하지 않을 거라고 생각하게 만든다. 회사에서 해고를 당했다면 이력서를 새롭게 작성하고 취업 워크숍에 참가해 일자리에 대한 정보를 얻을 수도 있다. 그러나 무력감에 빠지면 자신이 할 수 있는 일들이 많다는 것을 깨닫지 못한다.

생각의 관찰자가 되어라

•

5가지 생각 습관, 즉 머릿속 편집자가 즐겨 사용하는 5가지 주제에 대한 설명을 읽으면서 왠지 익숙하다고 느낀 습관이 있었는가? 당신의 머릿속 편집자가 가장 자주 사용하는 주제는 어떤 것인가?

뇌에서 이야기를 만들어내는 것은 지극히 정상적인 일이다. 이 5가지는 사람들이 흔히 사용하는 관성적인 생각 습관으로, 누구나 머릿속에서 이러한 이야기를 만들어낼 수 있다. 나는 관련 내용을 읽으면서 내가 주로 사용하는 생각 습관이 '마음 읽기'와 '모두 내 탓이야'라는 사실을 깨달았다. 특히 정보가 부족한 상황에서 내 머릿속의 편집자는 마치 다른 사람의 생각을 모두 꿰뚫어보고 있는 것처럼 이야기를 만들어낸다.

그렇다면 우리는 머릿속에서 만들어진 이야기에 어떻게 대응해야 할까?

변화의 첫걸음은 자각하는 것이다. 관성적인 생각 습관이 나타났을 때는 먼저 '이건 생각일 뿐이야. 뇌에서 이야기를 만들어내고 있는 거야!'라고 자각해야 한다. 이러한 생각에 반응하는 방법은 여러 가지다. 예를 들면 인지행동치료를 사용하는 심리치료사의 경우에는 생각에 반박하거나 생각을 바꿔보라고 가르쳐줄 것이다. 생각이 틀렸다는 증거를 찾아 증명하는 식으로 말이다.

이렇게 반박하고 바꾸는 방식이 어떤 사람들에게는 효과적일 수 있지만 많은 사람들이 이를 시도하는 과정에서 생각이 꿈쩍도 하지 않거나 오히려 더 늘어나는 경험을 했다. 급기야 자신을 평가하는 목소리가 내면에서 들리기도 했다.

'어떻게 이런 거 하나 제대로 못 하지? 나는 왜 이렇게 한심할까?'

그래서 나는 상담실을 찾아온 사람들에게 이렇게 말한다.

"생각을 쫓아버리려고 애쓸 필요 없어요. 당신이 해야 할 일은 당신과 생각 사이의 관계를 바꾸는 것뿐이에요."

머릿속에서 생각이 떠오를 때 그것들을 자각했다면 스스로에게 이렇게 말해준다.

'이건 뇌에서 만들어낸 이야기야. 생각은 생각일 뿐 사실이 아니야.'

힘들게 저항하려고 하지 말고 생각이 자연스레 흘러나오

고 떠나가도록 놔둬라. 이렇게 하면 당신은 '생각' 그 자체에서 '생각을 관찰하는' 관찰자로 변하게 된다.

사람의 뇌는 부정적인 경향이 강하다. 다시 말해 무슨 일이든 결과를 부정적으로 생각하기 쉬운데, 그 이유는 뇌가 가장 중요하게 여기는 문제가 바로 생존이기 때문이다. 머릿속의 편집자는 최악의 상황에 대한 시나리오를 미리 짜서 우리가 그런 상황에 대비할 수 있도록 도우려는 것이다. 특히 뇌는 미지의 상황을 싫어해서 정보가 없거나 모호할 때는 이야기를 만들어 그 공백을 채우려고 한다.

우리의 뇌, 즉 머릿속의 편집자가 나를 돕기 위해 열심히 이야기를 만들어낸다는 걸 깨달은 이후부터 나는 머릿속에 어떤 생각이 떠오를 때마다 속으로 이렇게 되뇌곤 한다.

'깨닫게 해줘서 정말 고마워.'

회복력은 사고의 탄력성으로부터 생겨난다. 그러므로 경직되어 있는 관성적인 생각 습관을 부드럽게 이완하는 연습을 해야 한다. 매일 머릿속 편집자가 어떤 이야기를 만들어내는지 자각하고, 그것을 애써 바꾸려고 하기보다는 생각들이 자연스럽게 흘러나오도록 놔둬라. 그런 다음 고맙다는 인사를 건네며 떠나가게 두면 된다.

회복력을 저해하는 3가지 생각

낙관주의는 높은 회복력을 키우기 위한 중요한 요소 중하나다. '낙관'이라는 단어를 들었을 때 가장 먼저 떠오르는 생각은 무엇인가?

내 머릿속에 가장 먼저 떠오른 생각은 이런 것이었다.

'낙관은 세상에 아름다움이 가득하고 즐겁지 않은 일은하나도 없는 거야.'

그리고 인터넷상에서 흔히 볼 수 있는 낙관주의에 관한격언도 떠올랐다.

'낙관주의란 모든 것을 긍정적으로 보는 것이다.'

그런데 이 격언을 떠올릴 때는 마음속에서 심한 거부감이 들었다. 이건 바로 해로운 긍정성이 아니던가!

낙관주의에 관한 여러 연구 자료들을 읽은 후, 낙관주의

"생각을 쫓아버리려고 애쓸 필요 없어요.
당신이 해야 할 일은
당신과 생각 사이의 관계를
바꾸는 것뿐이에요."

란 원래 내가 생각하던 그런 것이 아니라는 걸 깨달았다. 낙관주의는 크게 2가지로 구분할 수 있는데 첫 번째는 많은 사람들이 잘 알고 있는 '낙관적인 성격'이다. 즉 기본적으로 미래는 더욱 밝아질 것이고, 좋은 일이 생길 것이며, 세상이 아름답다고 믿는 것이다. 두 번째는 펜실베이니아대학의 마틴 셀리그먼 교수가 제시한 '낙관적인 해석'이다. 셀리그먼 교수는 발생한 일을 어떻게 해석하느냐에 따라 낙관주의와 비관주의가 결정된다고 설명했다. 가령 실패했을 때 실패의 원인을 어떻게 해석하느냐에 따라 달라진다는 의미다.

'낙관적인 해석'에 대해 설명하기 전에 먼저 아래의 상황을 살펴보자. 만약 당신에게 다음과 같은 일이 생긴다면 그 일이 생긴 원인을 어떻게 해석하겠는가?

- 회사에 대규모 구조조정이 발생하면서 해고를 당했다.
- 최종면접까지 올라가서 면접을 잘 봤다고 생각했는데 아무런 통보가 없다.
- 당신의 아이가 이번 시험에서 반 꼴찌를 했다.
- 유학을 가기 위해 열 개가 넘는 학교에 입학원서를 제출했는데 면접을 보러 오라는 곳이 한 곳도

없다.

• 6년 사귄 연인에게 이별 통보를 받았다.

만약 당신에게 위와 같은 일이 벌어졌다면 왜 이런 일이 벌어졌다고 생각하겠는가?

자신의 관점을 인식하기

•

사람의 머릿속에는 저마다 습관적인 해석 방식이 있으며 이러한 해석은 굉장히 빠르게 작동한다. 마치 우리 몸의 반사작용처럼 어떤 일이 발생한 즉시 머릿속에서는 발생 원인에 대한 해석을 시작한다.

셀리그먼 교수의 연구 결과에 따르면 해석은 다음과 같은 3가지 질문을 기반으로 작동한다.

1   일이 발생한 원인을 '개인적인 요소'와 '외부적인 요소' 중 어떤 것에서 찾는가?

실패를 했을 때 그 원인을 개인적인 요소(나로 인한)와 외부적인 요소(기타 요인으로 인한) 중 어디에서 찾는 편인가? 주로 개인적인 요소에서 찾는 편이라면 회사에서 해고를 당했을 때는 '내가 능력이 부족해서'라고, 아이가 학교에서 시험을 잘 못 봤을 때는 '다 못난 부모 때문이지'라고, 또 오랫동안 사귀었던 연인에게 이별 통보를 받았을 때는 '다 내 잘못이야. 내가 부족한 사람이라 그 사람이 떠나는 거야'라고 생각할 가능성이 높다.

반대로 실패의 원인을 외부적인 요소에서 찾는다면 회사에서 해고를 당했을 때 회사의 재정 상황이 어려워졌다거나 혹은 회사에 원래 문제가 있었기 때문이라고 이해하고, 아이의 학교 성적이 좋지 않다면 아이에게 도움이 필요하다는 사실을 알아차리고 학습 과정에서 어떤 문제가 있는지 살펴볼 것이다. 또 오래된 연인이 이별을 통보한다면 이별의 원인이 두 사람 모두에게 있음을 인지하고 이 관계를 지속하는 것이 두 사람에게 좋지 않다는 것을 이해할 것이다.

과거의 실패 경험들을 돌아보며 실패의 원인을 개인적인 요소에서 찾는지 아니면 외부적인 요소에서 찾는지 생각해보자. 종이에 가로줄을 그리고 가장 왼쪽에 '개인적인 요소'를, 가장 오른쪽에 '외부적인 요소'를 적어 스펙트럼 표를 완성한 다음 당신은 어느 쪽에 더 가까운지 표시해보자.

2 일의 영향이 영원할 것이라고 생각하는가, 잠시일 것 이라고 생각하는가?

실패를 했을 때 그 일의 영향이 영원히 지속될 것이라고 생각한다면 내가 바꿀 수 없는 일에 너무 많은 힘을 낭비하게 된다. 예를 들어 면접을 본 이후에 합격 통보를 받지 못했다면 '나는 영원히 취직을 못 할 거야'라고 생각한다거나, 유학을 떠나려고 입학원서를 낸 학교에서 아무 연락이 없을 때 '나는 영원히 유학을 못 갈 거야'라고 생각하며 무력감과 우울감에 빠지거나 자신을 뽑아주지 않은 상대방을 원망할 것이다.

하지만 일의 영향이 잠시일 뿐이라고 생각한다면 올해 원하는 곳에 합격하지 못했어도 평생 그럴 것은 아니라는 걸 알기 때문에 이력서를 새롭게 고친다거나 면접 코칭을 받는 등 내가 통제하고 바꿀 수 있는 일에 힘을 집중할 수 있다. 학교에 입학원서를 낼 때는 입학원서를 더 많이 써봤던 사람에게 조언을 구하고 수정을 도와달라고 부탁해볼 수 있다. 그러면 분명 내년에는 합격할 가능성이 높아질 것이다.

당신은 실패했을 때 그 영향이 영원히 지속될 것이라고 생각했는가, 아니면 잠시일 뿐이라고 생각했는가? 당신의 힘을 바꿀 수 없는 일에 쏟았는가, 아니면 바꿀 수 있는 일에 쏟았는가? 앞에서와 마찬가지로 종이에 가로줄을 그리고 가장 왼쪽에는 '영원히 지속'이라고, 가장 오른쪽에는 '잠시'라고 적은 다음 자신이 어디쯤 해당하는지 표시해보자.

3   일의 영향이 전반적으로 나타난다고 생각하는가, 특정 부분에 나타난다고 생각하는가?

실패를 했을 때 그 일의 영향이 인생 전반에 나타난다고 생각하는가, 아니면 특정 부분에만 나타난다고 생각하는가?

만약 영향이 인생 전반에 나타난다고 한다면 입학원서를 낸 학교에 합격하지 못했을 때 '난 정말 아무 능력도 없는 사람이야!'라고 생각하거나 연인이 헤어지자고 했을 때 '나는 정말 매력이 없나 봐. 아무도 나를 사랑해주지 않으니 다른 사람과도 좋은 관계를 맺지 못하는 거야'라고 생각한다. 또 회사에서 해고를 당했을 때는 '나는 잘하는 일이 하나도 없어. 내 인생은 실패작이야'라고 여긴다.

한편 영향이 특정 부분에만 나타난다고 생각하면 입학원서를 제출한 학교에서 거절당했을 때 '내가 이 학교에 합격하려면 어떤 부분을 더 많이 공부해야겠구나'라고 깨닫고, 연인과 헤어졌을 때 '이 관계는 우리 두 사람에게 맞지 않았던 거야. 분명 나도 바꿔야 하는 부분이 있고, 이 경험을 통해 더 나은 사람이 될 수 있을 거야'라고 스스로를 위로할 수 있다. 회사에서 해고를 당했을 때는 당장 직면해야 하는 재정 문제를 이해하고 계획을 세울 수 있다. 분명 사랑하는 가족들과 친구들이 당신을 응원해줄 것이다.

당신은 실패의 영향이 인생 전반에 나타난다고 생각하는가, 특정 부분에만 나타난다고 생각하는가? 이번에도 종이에 가로줄을 그린 다음 가장 왼쪽에는 '전반적', 가장 오른쪽에는 '특정 부분'이라고 적고 당신의 생각을 표시해보자.

관점이 달라져야 변화한다

•

이제 종이에 작성한 3가지 스펙트럼 표를 살펴보자. 만약 표의 오른쪽에 더 가까이 있다면 당신은 예기치 못한 일이 발생했을 때 외부적인 요소에서 원인을 찾고, 그 일이 특정 부분에 잠시만 영향을 줄 거라고 생각하는 비교적 낙관적인 사람이다. 반면 표의 왼쪽에 더 가까이 있다면 실패했을 때 발생 원인을 개인적인 요소에서 찾고Personalization, 영향이 영원히 지속되며Permanence, 인생 전반에 영향이 미친다고 생각하는Pervasiveness 비교적 비관적인 사람이다. 셀리그먼 교수는 알파벳 P로 시작하는 이 세 개의 단어를 '회복력을 저해하는 3가지 요소'라고 불렀다.

자신이 실패를 해석하는 방식이 회복력의 성장을 저해하고 있다는 사실을 자각했다면, 이미 변화의 첫걸음을 내디딘 셈이다. 해석 방식은 대부분 어린 시절 성장 배경의 영향을 받아 만들어진 것이다. 그러나 이제 당신에게는 이러한 방식을 바꾸고 낙관주의를 학습할 수 있는 충분한 능력이 있다.

이 책을 쓸 때 여러 친구들을 인터뷰하면서 이런 사실을 직접 확인할 수 있었다. 그들은 과거에 실패에 직면하면 그 원인을 개인적인 요소에서 주로 찾았고, 자신이 능력이 없고 부족해서 생긴 일이라며 자책했다고 한다. 하지만 여러 번 실패를 경험하고 그것을 통해 성장하면서 이제는 낙관적인 방식으로 실패를 해석할 수 있게 되었다. 나 또한 과거에는 스펙트럼 표의 왼쪽에 더 가까이 있는 사람이었지만 성장을 거듭하며 이제는 오른쪽에 더 가까이 있는 사람이 되었다. 물론 때때로 회복력을 저해하는 3가지 요소가 나타날 때도 있지만 곧바로 이를 자각하고 다른 관점으로 바라보려고 노력한다.

자신의 해석 방식이 어떠한지 자각하고 다른 관점을 대입해보는 연습을 해보자. 실패를 했을 때 개인적인 요인과 외부적인 요인이 차지하는 비율은 어떠한가? 자신의 힘으로 바꿀 수 없는 것은 무엇이고, 자신의 능력 범위 내에서 바꿀 수 있는 일은 무엇인가? 바꿀 수 없는 일은 빨리 받아들이고 바꿀 수 있는 일을 시작한다. 그리고 실패의 영향이 당신의 인생 전체가 아니라 일부분에만 미친다는 사실을 이해한다.

낙관주의에 관한 연구 자료를 읽을 때 굉장히 감명 깊게 읽은 글귀가 있었다.

"낙관적인 사람은 역경을 위협이 아닌 도전으로 생각하기 때문에 도망치지 않고 당당히 맞선다."

이 글귀를 읽을 때 역경을 향해 당당히 걸어가고 있는 사람의 모습이 머릿속에 그려졌다. 그리고 이런 장면을 떠올리는 것만으로도 마음속에 큰 용기가 샘솟는 것 같았다.

한 친구가 내게 이런 말을 한 적이 있다.

"실패를 인정하는 건 정말 고통스럽지만 실패를 극복하고 다시 일어서는 내 모습을 볼 때는 정말 자랑스러워."

이 친구처럼 나 역시 역경을 향해 당당히 걸어가고, 실패 후에 툭툭 털고 일어서는 내 모습을 언제나 마음속에 담아두고 싶다.

낯선 세상에 기꺼이 나아가라

셰릴 샌드버그는 자신의 책 『린 인』에서 커리어의 발전 과정, 즉 회사에 입사해 말단 직원부터 직급이 올라가는 과정을 사다리를 오르는 것에 비유했다.

우리가 어른으로 성장하는 과정도 사다리를 오르는 것과 비슷하다. 중학교, 고등학교 입시를 거쳐 대학에 입학하고, 대학을 졸업하면 대학원에 진학하거나 부모님과 사회의 기대에 부응하기 위해 누구나 선망하는 안정적인 직업을 구한다. 그런 다음 결혼, 출산, 승진, 노후 준비 등 인생의 숙제들을 완성하고 나이가 들면 은퇴를 한다. 이 과정은 마치 사다리를 타고 위로 한 계단씩 오르는 것 같다. 사다리 위에는 미지의 세계나 불확실성이 존재하지 않는다. 위로 올라가는 한 가지 방향밖에 없기 때문이다.

사람은 누구나 자신만의 인생 사다리를 갖고 있다. 사다리의 모든 칸에는 내가 해야 할 일, 이뤄야 하는 목표가 적혀 있다. 이제 종이를 한 장 꺼내 인생의 사다리를 한번 그려보자. 당신의 사다리에는 무슨 내용이 적혀 있는가? 명문대 진학, 대기업 취직, 좋은 지역으로 이사, 결혼 혹은 출산, 승진 등 지금 서 있는 사다리의 다음 칸에는 어떤 목표가 적혀 있는가?

그런데 목표 달성에 실패하거나 예상치 못한 일이 발생할 수도 있다. 학교 진학에 실패하거나, 원하던 기업에 취직이 안 되거나, 결혼을 약속했던 상대와 헤어지거나, 회사에서 해고를 당하거나, 배우자의 외도로 결혼 생활이 파탄 나거나, 건강에 문제가 생겨 일을 못 하게 되거나, 힘들게 차린 가게가 망하거나…. 이런 일이 발생했을 때 인생 사다리는 갑자기 뚝 끊겨버린다. 차곡차곡 계획을 세우고 꿈꿔왔던 인생의 모습이 한순간에 사라져버린 것이다. 사다리가 끊어지면 당장 다음 발걸음을 어디로 옮겨야 할지 몰라 방황하게 된다.

사다리에서 정글짐으로

•

사실 요즘 세상에 커리어의 발전을 사다리에 비유하는 것은 적절하지 않다. 2018년 미국의 보고 자료에 따르면 현대인들은 사는 동안 평균 12개의 직업을 갖게 된다고 한다. 일의 형태가 다양해지면서 사다리는 일찌감치 사라져버렸다. 이제 한 조직에 오래 머물며 말단 직원에서부터 위로 올라가려는 사람은 많이 없다. 샌드버그는 이제 커리어는 사다리 형태로 발전하는 것이 아니라 놀이터에 있는 정글짐의 형태로 발전한다고 말했다.

놀이터에 있는 정글짐을 본 적이 있는가? 지난번 대만에 갔을 때 네 살 된 조카를 데리고 놀이터에 간 적이 있다. 아주 높은 미끄럼틀이 있는 특별한 곳이었다. 내려올 때 마치 놀이기구를 탄 것처럼 스릴이 넘쳐 보였다. 그런데 이 미끄럼틀에는 계단이 없었다. 미끄럼틀을 타러 올라가는 유일한 방법은 정글짐 꼭대기까지 올라가는 것이었다.

나는 놀이터 한쪽에서 어린 조카와 놀아주며 정글짐을 관찰했다. 정글짐에 있는 많은 아이들은 각자 다른 곳에서 출발해 저마다의 경로를 따라 올라가고 있었다. 미끄럼틀을 타러 올라가는 아이, 정글짐 꼭대기까지 올라가는 아이, 정글짐 위에 앉아 친구들과 이야기를 나누고 있는 아이들까지 다양한 모습을 관찰할 수 있었다. 아이들은 왼쪽, 오른쪽, 위, 아래 각자 다른 방향으로 움직였고 앞에 다른 아이가 가로막고 있으면 방향을 바꾸거나 한 칸 아래로 내려가 다음 칸으로 이동한 다음 계속 위로 올라갔다.

사다리는 위로만 올라갈 수 있기 때문에 앞에 누군가 가로막고 있으면 그 자리에 멈출 수밖에 없다. 그러나 정글짐은 다르다. 목표한 지점까지 갈 수 있는 방법이 여러 가지고 올라가는 과정에서 다양한 시각과 관점을 접할 수 있다. 만약 내 인생의 사다리를 치워버리고 정글짐으로 바꾼다면 인생이 어떻게 달라질까? 정글짐 위에서라면 예상치 못한 난관에 부딪히거나 원래 가려던 길에 문제가 생겼을 때 조금 돌아서 가거나 방향을 바꿔서 가면 그만이다. 원래 가려고 했던 길에 미련을 남길 필요도 없다. 정글짐을 올라갈 때는 모든 방향에 새로운 길이 있고, 그 길 위에서 새로운 가능성이 기다리고 있다.

익숙함을 넘어 미지의 세계로

•

정글짐 위에서 방향을 바꾸는 건 아주 쉽지만 사실 인생의 방향을 바꾸거나 멀리 돌아가는 건 생각보다 어려운 일이다.

나는 박사과정을 졸업하면서 7년 동안 공부하고 일을 하면서 정들었던 도시를 떠나 완전히 새로운 곳으로 이사를 가야 했다. 그때 나는 굉장히 두려웠다. 물론 좋은 일로 떠나는 것이었지만 그래도 마음이 불안하고 초조했다. 그런 내 모습을 보고 당시의 선생님이 이렇게 말씀하셨다.

"네가 이곳이 안전하다고 생각하는 건 이곳에서의 생활에 익숙하기 때문이야. 반면에 새로운 도시는 잘 모르는 곳이라 지금은 두렵게 느껴질 수 있어. 그렇지만 언젠가 그곳도 익숙해질 거야. 네가 익숙하고 안전하다고 느끼는 이곳도 대만에서 처음 왔을 때는 낯선 타향이었잖니."

인생에서의 방향 전환은 '익숙함'을 버리고 '미지의 세계'로 들어가는 과정이다. '익숙함'과 '미지의 세계'는 두 개의 절벽과 같다. 한쪽이 나에게 익숙한 생활, 직업, 감정, 자아라면 다른 한쪽은 낯선 미지의 세계다. 인생의 방향을 바꾼다는 것은 한쪽 절벽에서 다른쪽 절벽으로 뛰어넘는다는 의미다. 나는 익숙했던 절벽을 떠나 새로운 도시에 왔고, 이곳에 1년째 살고 있는 중이다. 그리고 그때 선생님의 말씀처럼 어느새 이곳은 내게 익숙하고 안전한 곳이 되었다.

절벽을 뛰어넘는다는 것은 결코 쉬운 일이 아니다. 우리 뇌는 익숙한 것에서 안전함을 느끼기 때문에 새롭고 낯선 상황을 만나면 두렵고 불안해진다. 이러한 두려움 때문에 다니기 싫은 직장에 계속 다니거나 이미 사랑이 메말라버린 관계를 붙잡고 있는 사람들이 많다. 새로운 것을 시도하기가 두려워 절벽을 뛰어넘지 못하고 익숙한 곳에 머물러 있는 것이다. 미국의 정신의학 교수 브루스 페리는 한 강연에서 이렇게 말했다.

"이미 알고 있는 상황이 아무리 끔찍해도 사람들은 알지 못하는 새로운 상황을 더욱 두려워한다."

그러나 절벽을 뛰어넘어야만 낯선 것을 익숙함으로 바꿀 수 있다. 그리고 절벽을 뛰어넘을 수 있도록 당신을 도와주는 것은 바로 신뢰다.

신뢰 전문가인 레이첼 보츠먼은 '신뢰란 미지의 대상과 좋은 관계를 맺는 것이다'라고 말했다. 즉 신뢰란 불확실한 것을 받아들이는 용기이고, 건너편 절벽에 무엇이 있는지 모르지만 과감히 뛰어넘는 능력이다.

두려움을 안고 나아가기

●

사람은 누구나 새로운 것에 대한 두려움이 있다. 몇 달 전, 브레네 브라운 교수가 〈FFT〉라는 제목으로 팟캐스트를 진행했다. 그녀는 'FFT'가 '빌어먹을 첫 경험Fucking First Time'이라고 설명했다. 나는 '빌어먹을 첫 경험'이라는 말을 듣자마자 웃음을 터트렸다. 브라운 교수는 팟캐스트가 그녀에게는 새로운 도전이며 녹음을 준비하면서 어떤 어려움들이 있었는지 이야기했다. 나는 팟캐스트를 들으며 예전에 온라인 강의를 처음 시도했

"용기는 두려워하지 않는 것이 아니라
두려움을 안고 앞으로 나아가는 것이다."

던 때를 떠올렸다. 당시 미국에서 대만에 있는 학생들에게 온라인으로 강의를 해야 했는데 강의 시간 내내 정말 많이 긴장했다. 게다가 나는 학생들과 눈을 마주치며 이야기하는 걸 좋아하는데 청중들이 눈에 보이지 않는 상황에 적응하는 것이 너무 힘들었다. 그래서 그때 다시는 온라인 강의를 하지 않겠다고 다짐했다. 그런데 이제 모든 강의가 온라인으로 전환될 줄 누가 알았겠는가! 이제 나에게 온라인 강의는 무엇보다 익숙한 일이 되었다.

새로운 것에 도전할 때 느끼는 불편한 감정을 알아차리는 것은 아주 중요한 일이다. 만약 이러한 감정을 자각했다면 스스로에게 이렇게 말해주자.

'새로운 것에 도전할 때 불편한 감정을 느끼는 건 당연해. 지금의 좌절감이나 두려움은 아주 잠시 느끼는 감정일 뿐이야. 이런 감정을 느낀다고 해서 네가 이 일을 잘 해내지 못할 거라는 의미가 절대 아니야.'

새로운 일에 도전할 때는 우선 기대치를 낮추고 한동안 배우고 적응하는 시간이 필요하다는 사실을 스스로 인식하고 있어야 한다. 처음에는 실수도 많이 하고 불편한 감정을 계속 느낄 수도 있지만 바로 이러한 불편한 감정이 당신을 성장시킨다.

사람들은 미지의 세계와 새로운 사물에 대한 두려움 때문에 정해진 방향으로 올라가기만 하면 되는 사다리를 갖고 싶어 한다. 지금 당신 마음속에도 인생의 사다리가 있는지 한번 점검해보라. 이 사다리는 어디에서 왔는가? 당신이 스스로 만든 것인가, 아니면 누군가 당신이 해야 할 일을 칸마다 빼곡하게 적어서 건네준 것인가? 당신은 이 사다리 위에서 행복한가? 혹시 당신의 뇌가 '익숙한 것에서 느끼는 안도감'과 '안전함'을 혼동하고 있는 건 아닌가?

만약 인생의 사다리를 과감하게 치워버리면 어떻게 될까? 사다리가 없어지면 모든 방향에 새로운 길이 열리고 당신 인생에 무한한 가능성이 생긴다.

사다리가 없으면 내딛는 한 걸음 한 걸음이 모두 '처음'이다. 이때 두렵고 불편한 감정을 느끼는 건 정상이다. 모든 '처음'은 곧 새로운 도전이고, 도전해야 성장할 수 있다. 사람이 성장을 멈추면 삶도 멈춘다.

수전 데이비드 박사는 "용기는 두려워하지 않는 것이 아니라 두려움을 안고 앞으로 나아가는 것이다"라고 말했다. 지금 당신이 어떤 '처음'을 시도하고 있든 그것을 향해 '빌어먹을 첫 경험!'이라고 크게 소리쳐보라. 그런 다음 두려움과 신뢰를 안고 익숙함에서 미지의 세계로 힘차게 뛰어넘어보자.

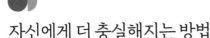

자신에게 더 충실해지는 방법

지금까지 정신적 민첩성과 낙관주의, 실패를 바라보는 시각, 고정형 사고방식의 자각, 실패의 해석, 미지의 세계와 도전 등에 대해 알아봤다. 그리고 이제 회복력의 중요한 요소 중 하나인 '자기 효능'에 대해 알아보려고 한다. 자기 효능이란 자신이 어떤 일을 성공적으로 수행할 수 있다고 믿는 것이다. 자기 효능감이 높은 사람은 자신의 강점이 무엇인지 이해하고 시련이 닥쳤을 때 이를 적극 활용한다.

당신에게는 어떤 강점이 있는가? 종이에 당신의 강점들을 나열해보라고 한다면 무엇을 쓸 것인가?

나는 이 책을 쓰기 전까지 나에게 어떤 강점이 있는지 한 번도 자세히 생각해본 적이 없었던 것 같다. 강점보다는 부족한 부분에 더욱 초점을 맞추는 교육의 영향이 컸기 때문이다. 만약 더 이상 개선할 필요가 없는 일을 나열해보라고 한다면 막힘없이 적어 내려갈 수 있을 것 같은데 강점을 나열하는 건 너무 어려운 일이었다. 게다가 강점을 겨우 찾아 종이에 적을 때마다 마음속에서 이런 목소리가 들려왔다.

'정말? 네가 정말 그 일을 잘한다고?'

이 책을 쓰기 위해 펜실베이니아대학에서 제공하는 회복력 강의를 들었다. 강사인 캐런 레이비치 교수는 수강자들에게 'VIA 강점 테스트'를 통해 자신의 강점을 찾아보게 했다. 이 테스트는 사람이 갖고 있는 24가지 긍정적인 특징을 검사해서 자신이 가진 강점을 순서대로 배열하고 자신이 무엇을 가장 잘하는지 알아보는 검사다. 이 검사는 나의 특징과 강점을 이해하는 데 정말 큰 도움이 되었다. (https://www.authentichappiness.sas.upenn.edu에 들어가면 직접 검사를 해볼 수 있다. 설문Questionnaires 카테고리에 들어가 'VIA 강점 테스트VIA survey of character strengths를 클릭하면 된다.)

이 테스트는 총 240개의 질문으로 이루어져 있고 한 시간 정도 소요된다. 다음은 이 테스트에서 말하는 24가지 긍정적인 특징과 강점을 나열한 것이다. 아직 검사를 해보지 못했다면 다음 항목들을 잘 살펴보고 자신이 가장 잘한다고 생각하는 5개 항목에 √ 표시를, 부족하다고 생각하는 5개 항목에 △ 표시를 해보자.

24가지 긍정적인 특징과 강점

☐ 창의력 ☐ 호기심 ☐ 판단력 ☐ 학구열 ☐ 통찰력

☐ 용감성 ☐ 끈기와 인내 ☐ 진정성 ☐ 열정

☐ 사랑 ☐ 친절 ☐ 사회성 ☐ 책임감 ☐ 공정성

☐ 리더십 ☐ 용서 ☐ 겸손 ☐ 신중함 ☐ 자기통제

☐ 심미안 ☐ 감사 ☐ 낙관성 ☐ 쾌활함 ☐ 신앙심

대표 강점을 찾아라

•

이 테스트를 직접 받아보면 24가지 강점이 순서대로 나열되어 있는 결과지를 받을 수 있다. 가장 앞에 나온 5개 강점을 살펴보자. 당신이 처음에 생각했던 자신의 강점과 결과가 일치하는가?

결과지 가장 위에 있는 5개 항목이 바로 당신의 '대표 강점'이다. 음식점에 가면 그 집에서 가장 잘하는 대표 메뉴가 있는 것처럼 당신에게도 이러한 대표 강점이 있다. 대표 강점은 내가 가장 잘하고 활용하는 데 힘이 전혀 들지 않는 능력을 의미한다. 다시 말해 대표 강점을 활용하는 것은 오른손잡이가 오른손으로 글씨를 쓰는 것만큼 쉽고 자연스러운 일이다.

그러나 한 사람이 24가지 강점을 모두 갖고 있는 것은 불가능하다. 결과지 가장 아래에 표시된 5개 항목은 당신에게 부족한 강점들이다. 누구에게나 못 하는 일이 있고, 부족한 면이 있다. 그렇다고 당신에게 문제가 있거나 나쁜 사람이라는 의미는 절대 아니다. 부족한 강점을 활용하는 것은 오른손잡이가 왼손으로 글씨를 쓰는 것처럼(혹은 왼손잡이가 오른손으로 글씨를 쓰는 것처럼) 힘들고 어려운 일이다.

자신의 대표 강점이 무엇인지 알았다면 이제 과거에 실패와 좌절을 겪었을 때 이를 극복하기 위해 대표 강점들을 활용했었는지 생각해보자. 이러한 대표 강점들은 실패를 극복하는 데 어떤 도움을 줬는가?

검사 결과 순위가 가장 높은 나의 대표 강점 2가지는 학구열과 창의력이었다. 과거에 힘들었던 시간들을 돌이켜보면 이 2가지 대표 감정은 내가 역경을 극복할 수 있게 도와준 중요한 버팀목이었다. 예를 들면, 나는 이번 팬데믹 기간에 특유의 학구열을 발휘해 많은 사람들에게 불안과 두려움을 안겨준 새로운 바이러스에 대해 공부했다. 바이러스에 관한 서적뿐만 아니라 다수의 과학 논문을 읽어보고, 마음의 건강과 관련된 온라인 강연도 여러 편 찾아봤다. 이러한 공부 덕분에 위기에 대처하는 방법을 새롭게 알게 되었고 마음의 안정과 힘을 얻을 수 있었다. 그리고 나의 또 다른 대표 감정인 창의력은 내가 공부한 내용들을 글로 정리해 블로그에 포스팅하거나 책을 쓸 수 있게 도와줬다. 창작은 내가 습득한 정보를 정리하고 소화하는 방식이다.

당신의 대표 강점이 무엇인지 다시 한번 자세히 살펴보고, 그동안 살면서 실패하거나 갑작스러운 시련이 닥쳤을 때 대표 강점을 어떻게 활용했는지 곰곰이 생각해보자. 만약 지금 역경에 부딪혀 좌절해 있다면 당신의 대표 강점을 어떻게 활용하겠는가?

누구나 자신만의 강점이 있다
●

이 책을 쓰면서 친구 몇 명에게 앞에서 언급한 24가지 강점 항목을 체크해보도록 하고 그들이 자신의 강점을 어떻게 활용하는지에 관해 물어봤다. 나는 친구들의 이야기를 들으며 내내 감탄했고 큰 감명을 받았다. 그리고 인류의 다양성에 대해 또 한번 깨닫는 계기가 되었다. 사람은 저마다 독특한 특징이 있고 강점도 모두 다르다. 이러한 다양성은 정말 아름다운 것이다.

자신의 대표 강점이 '신앙심'이라고 대답한 한 친구는 시련이 닥칠 때마다 두터운 신앙심으로 역경 속에서 의미를 찾고 교훈을 얻기 위해 노력한다고 말했다. 또 다른 친구는 자신의 대표 강점인 '호기심'을 통해 문제를 다양한 관점으로 바라보고 이해할 수 있다고 대답했고, 또 어떤 친구는 모든 일에 감사한 마음을 가졌더니 성공과 실패에 대한 생각이 달라졌다고 말했다. 그는 실패는 누구에게나 일어날 수 있는 일이고, 성공은 여러 가지 불가사의한 일들이 한데 모여 생기는 우연한 일이라고 이야기했다. '신중함'이 자신의 대표 강점이라고 이야기한 친구는 예상치 못한 순간이 오면 굉장히 두렵고 초조했는데 자신만의 루틴을 성실히 지키다 보니 불안함이 많이 사라졌다고 말했다. 한 친구는 특유의 '쾌활함' 덕분에 힘든 일이 있을 때 '와! 이건 정말 특별한 경험이네!'라고 웃으며 말할 수 있었다고 했다. 사회사업 분야에서 일하는 한 친구는 자신의 대표 강점인 '공정성' 덕분에 이 일을 오랫동안 열정적으로 할 수 있었다고 말했다.

사람은 누구나 자기만의 대표 강점이 있다. 또 각자 잘하는 일이 다르므로 자신의 관점으로 다른 사람을 평가하거나 비난하면 안 된다. 예를 들어 당신의 대표 강점이 '창의력'이라면 새로운 아이디어를 내는 것이 굉장히 쉬울 것이다. 하지만 그렇다고 해서 창의력이 없다고 다른 사람을 비난하면 안 된다. 그 사람의 대표 강점은 창의력이 아닐 수도 있기 때문이다.

나도 가끔은 좁은 시야에 갇혀 나만의 관점 혹은 일 처리 방식만을 고집하고, 다른 사람들도 당연히 이 방식을 따라야 옳은 것이라고 생각할 때가 있다. 그리고 다른 사람이 내 방식대로 하지 않았을 때 속으로 그 사람을 평가하기도 한다. 사람에게는 다양성이 존재한다는 사실을 완전히 잊은 채 말이다.

사람은 각자 서로 다른 강점을 갖고 있고 일을 처리하는 방식도 모두 다르다. 그러므로 어떤 하나의 방식만 옳다고 말할 수 없다.

레이비치 교수는 '회복력'을 주제로 한 온라인 강의에서 이런 질문을 던졌다.

'자신의 강점을 활용할 때 어떤 기분이 드는가?'

나는 나의 강점, 즉 학구열이나 창의력을 발휘할 때 나 자신에게 충실하고 한층 더 가까워지는 것을 느꼈다. 그리고 다른 사람과 함께 있을 때 어떻게 하면 그 사람이 자신의 강점을 활용하게 할 수 있을지 생각해보게 되었다.

만약 모든 사람이 자신의 강점을 활용해 자신에게 충실한 삶을 살고, 다른 사람의 강점과 다양성을 인정해줄 수 있다면 세상은 더없이 아름다운 곳이 될 것이다.

유대감이 만드는 회복의 기적

내 마음속에서 벌어지는 일들

사람의 행복을 결정하는 중요한 요소는 부와 명예가 아니라 인간관계의 질에 있다는 연구 결과가 있다. 인간관계의 질은 페이스북에 친구가 몇 명이 있는지, 인스타그램 팔로워가 몇 명인지, 결혼을 했는지, 한 달에 모임이 몇 개 있는지, 얼마나 많은 친구들과 여행을 다니는지에 따라 결정되는 것이 아니다. 인간관계의 질이란 당신의 인생에 언제든 자신의 취약성을 드러낼 수 있고, 진짜 속마음을 털어놓을 수 있으며, 자신의 치부를 모두 공유할 수 있는 사람이 있는지에 따라 결정된다. 그 사람은 당신의 가족, 연인, 친구, 동료 중 누구든 될 수 있다.

만약 당신의 인생에 그런 사람이 있다면 정말 행복한 삶을 살고 있는 것이다. 이처럼 사람과 사람 사이의 진실한 관계는 회복력을 키우는 데 중요한 기반이 된다.

관계지수:
사람과 사람 사이의 연결 능력

●

최근 감정을 제대로 인식하고 처리할 줄 아는 감성지수가 중요한 덕목으로 떠오르고 있다. 그리고 또 하나 인생에서 절대 빼놓을 수 없는 중요한 지표가 있는데, 바로 관계지수다.

관계지수란 사람과 사람 사이의 연결 능력을 의미한다. 인생에서 인간관계가 이렇게 중요한데 안타깝게도 가정에서든 학교에서든 다른 사람과 어떻게 관계를 맺어야 하는지 제대로 가르쳐주는 사람은 없었다. 학교에서도 인간관계에 관한 수업은 찾아보기 힘들다. 그래서 부모 혹은 주 양육자의 인간관계를 모방하는 수밖에 없는데 부모의 인간관계 역시 각각 그들이 자라온 환경에서 배운 것일 가능성이 매우 높다.

게다가 우리는 개인주의를 강조하는 사회에 살고 있다. 이런 사회에서는 무슨 일이든 자신의 힘으로 해내야 하고, 다른 사람에게 취약한 면을 드러내 보이거나 의존하는 것은 바람직하지 않다고 가르친다. 개인주의를 강조하는 사회에서는 성공을 온전히 자신의 능력 덕분이라고 생각하듯이 실패도 오롯이 자신의 문제라고 생각한다.

돌이켜보면 나 역시 이런 환경에서 성장했다. 다른 사람에게 나의 취약한 면을 쉽게 드러내지 못했고 무슨 일이든 스스로 해결해야 한다고 배웠다. 감정을 어떻게 표현해야 하는지 배우지 못했기 때문에 늘 마음속에만 담아두었다. 그러다가 심리 상담을 공부하기 시작하면서부터 나 자신을 제대로 살펴보게 되었고, 지금의 내 모습이 어떻게 만들어졌는지 이해하게 되었다. 나는 우리 부모님이 본인들이 배운 최선의 방식으로 나를 기르셨다는 것을 누구보다 잘 이해한다.

내 안에는 단지 나의 모습만 있는 것이 아니다. 그 안에는 세대를 거듭하며 전수되어온 신념, 상처, 실패에 대처하는 방식, 감정을 처리하는 방식, 인간관계의 기술 등 많은 것들이 응집되어 있다. 이러한 사실을 자각하고 바꾸지 않으면 이 모든 것은 다음 세대에 고스란히 전달된다.

나는 취약한 면을 남들에게 감히 드러낼 생각을 하지 않았기 때문에 어떻게 하면 진실한 관계를 맺을 수 있는지 잘 몰랐다. 그러나 인간은 집단생활을 하는 동물이므로 나를 봐주고 내 얘기를 들어줄 누군가가 필요하다. 사람과 사람 사이의 진실한 관계는 실패와 좌절과 같은 역경이 닥쳤을 때 다시 일어설 수 있는 힘이 된다.

어떻게 하면 진실한 관계를 맺을 수 있는지 잘 몰라도 걱정할 필요 없다. 지금부터 함께 인간관계에 대해 알아보고 관계지수와 회복력을 높이는 데 어떤 도움이 될 수 있는지 살펴보면 된다.

관계 안에 머물기

•

관계 안에서 당신은 어떤 모습인가? 여기에서 말하는 관계는 부모-자식 관계, 친밀한 연인 관계, 친구 관계, 직장동료와의 관계 등 다양한 관계를 포함한다.

심리치료사 에스더 페렐은 7개의 동사를 제시하며 이 동사들이 나에게 어떤 의미인지 살펴보면 인간관계에서 내 모습이 어떤지 알 수 있다고 말했다. 다음 7개의 동사를 천천히 살펴보고 각각 나에게 어떤 의미가 있는지 생각해보자.

- 요구하다
- 가져가다
- 주다
- 받다
- 나누다
- 거절하다
- 놀다 혹은 상상하다

7개의 동사를 읽으면서 무엇을 관찰했는가? 어떤 느낌이나 생각이 떠올랐는가? 나에게 익숙하고 편안한 동사는 무엇인가? 또 낯설고 불편한 동사는 무엇인가?

7개의 동사는 사람에 따라 각각 다른 의미를 지닌다. 어떤 동사는 내가 잘하는 것이고, 어떤 동사는 익숙하지 않은 것이다. 성장 과정에서 특정 동사를 주로 사용하도록 배웠다면 현재의 인간관계에서도 그 동사를 주로 사용하고 있을 확률이 높다.

상담실을 찾아오는 사람 중에 올해 마흔 살이 된 벨라라는 여성이 있다. 그녀는 7개의 동사를 읽은 다음 자신에게 가장 익숙한 동사는 '주다'라고 말했다. 벨라는 어려서부터 어린 동생들을 돌보고 집안일을 도맡아 하는 등 주고 베푸는 삶을 살아왔다. 다른 사람의 요구가 언제나 자신의 것보다 중요했고 그들의 요구를 만족시켜주기 위해 애썼다. 그녀는 심지어 자신이 무엇을 원하는지조차 잘 몰랐다. 그 이유는 어렸을 때부터 그녀가 무엇을 원하는지 물어봐 주는 사람이 아무도 없었기 때문이다.

벨라에게는 '요구하다', '가져가다', '받다', '거절하다'가 굉장히 어려운 동사다. 마찬가지로 어렸을 때 이러한 동사를 사용해볼 기회가 거의 없었기 때문이다. 그녀는 다른 사람에게 요구하는 것을 힘들어했고, 무언가를 요구한다는 것은 다른 사람을 귀찮게 하고 부담을 주는 일이라고 생각했다. 아마도 어린 시절 그녀에게 '요구'는 위험한 일을 초래하는 행동이었을 것이다. 부모님은 분명 그녀가 어떤 요구를 했을 때 핀잔을 주거나 혼냈을 가능성이 높다. 그래서 내내 다른 사람에게 '주는' 방식으로 어린 시절을 보낸 것이다.

당신에게 7개의 동사는 각각 어떤 의미가 있는가? 성장 과정에서 7개의 동사를 골고루 사용하도록 배웠는가? 당신이 자라온 가정과 사회에서는 각각의 동사를 어떤 의미로 받아들이는가? 꼭 해야 한다거나 절대 하지 말아야 한다고 가르치는 것은 무엇인가? 당신의 성별, 민족, 사회적 지위, 성격 등의 요소가 7개의 동사에 어떤 영향을 미치는가? 7개의 동사는 인간관계에 어떤 영향을 주는가?

취약성에 숨은 당신의 마음

•

어렸을 때부터 편하고 익숙하게 느껴지는 동사가 있고, 불편하고 낯설게 느껴지는 동사가 있다. 이것은 내가 주변 환경과 어른들에게 적응하고 어린 시절을 잘 보내기 위해 터득한 중요한 방식이다. 이러한 동사들은 나의 생존 메커니즘이고 강점이자 취약점인 셈이다.

벨라의 어린 시절 생존 메커니즘은 '주는 것'이었는데 그

속에는 사실 그녀의 취약한 면이 숨어 있었다. 자신은 중요한 존재가 아니고, 자신에게 진심으로 관심을 가져주는 사람이 아무도 없다는 생각이 마음 한구석에 자리 잡았다. 그러면서 자신이 무언가를 주고 베풀 때 비로소 사람들이 자신을 좋아해주고 가까이 다가온다는 사실을 깨닫게 되었던 것이다. 이처럼 '주다'라는 동사 안에는 관심받고 싶고, 버림받을까 봐 두려워하는 어린 벨라의 마음이 숨어 있었다.

심리치료사 미셸 샤인크먼은 '취약성의 악순환'이라는 개념을 제시했다. 취약성의 악순환은 주로 연인관계 혹은 부부관계의 상호작용을 설명하는 데 많이 사용한다. 연인 혹은 배우자 중 한 사람의 행동이 상대방의 취약성을 자극하면 상대방은 방어기제를 작동시켜 반격을 시도하고, 이러한 반격 행위가 이번에는 처음 상대의 취약성을 자극해 그의 방어기제를 작동시킨다. 이렇게 되면 두 사람은 '자신의 취약성을 보호하기 위한 방어와 공격'의 악순환에 갇히게 된다.

벨라는 남편과의 관계에서 이러한 취약성의 악순환이 자주 나타났다. 남편이 친구들과 모임을 갖거나 늦게까지 야근을 한다고 했을 때 이러한 행위가 관심을 받고 싶은 그녀의 취약성을 자극해 방어기제를 작동시켰다. 그녀의 방어기제는 남편을 끊임없이 비난하는 것이었다.

"허구한 날 야근에, 모임에… 당신한테는 가정이 하나도 중요하지 않은 거지?"

벨라의 비난이 이번에는 남편의 취약성을 자극했다. 엄격한 부모님 밑에서 자주 야단을 맞으면서 자란 남편은 벨라의 비난을 들을 때마다 수치심이 들었고 곧장 방어기제가 작동했다. 그의 방어기제는 입을 꾹 닫고 아무 말도 하지 않는 것이었는데, 이러한 냉담한 반응이 버림받을까 봐 두려워하는 벨라의 취약성을 다시 자극했고 더욱 심한 비난과 질책을 쏟아붓는 악순환에 빠지게 했다.

취약성의 악순환은 연인이나 부부관계 외의 다른 관계에도 적용될 수 있다.

누군가와 상호작용할 때 문득 어떤 감정이 느껴지고 방어기제가 작동한다면 이때 자신의 내면에서 무슨 일이 일어나고 있는지 자세히 관찰해보기를 바란다. 왜 상사의 말에 이렇게 속이 상할까? 왜 배우자의 행동이 나를 이렇게 화나게 하는 걸까? 왜 이웃의 말 한마디에 내가 이렇게 수치심을 느끼는 걸까? 내 마음속에서 무슨 일이 벌어지고 있는 걸까? 나의 취약성은 무엇일까? 무엇이 나의 취약성을 자극하는 걸까?

그런 다음 자신의 취약성이 자극을 받았을 때 어떤 방어기제가 작동하는지 생각해본다. 벨라처럼 다른 사람을 비난하고 공격하는 편인가? 아니면 그녀의 남편처럼 입을 꾹 닫고 아무 말도 하지 않는 편인가?

원만한 인간관계를 형성하기 위해서는 먼저 다른 사람들과의 관계 안에서 자신의 모습이 어떻고, 어떤 방식으로 상호작용을 하는지 파악하는 것이 중요하다. 현재 내가 사용하는 방식은 대부분 자라온 가정환경의 영향으로 만들어진 것이다. 자신이 왜 이런 방식을 갖게 되었는지 살펴보고 제대로 이해해야만 비로소 변화를 시도할 수 있다.

틈이 있어야 햇빛이 들어온다

높은 회복력은 원만한 인간관계와 사람과 사람 사이의 진실한 연결을 통해 만들어진다. 사람들은 흔히 원만한 관계를 유지하기 위해서는 갈등이나 분쟁이 전혀 없어야 한다고 생각한다. 하지만 살면서 누구나 실패와 좌절을 겪는 것처럼 인간관계에도 균열이 생길 때가 있다.

시인 루미는 틈이 있어야 햇빛이 들어올 수 있다고 말했다. 인간관계에 균열이 생겼다는 것은 따스한 햇빛을 받아들이고 관계를 새롭게 정비할 수 있는 좋은 기회를 얻었다는 의미이기도 하다.

사실상 인간관계는 '연결 - 균열 - 정비 - 재연결'이 반복되는 과정이다. 그러므로 잘 연결되는 법을 배워야 할 뿐만 아니라 잘 균열되는 법을 배워야 한다. 잘 싸우는 법, 충돌에 대처하는 법을 배우고 무엇보다 중요한 건 균열된 관계를 정비하는 법을 배우는 것이다.

관계의 균열을 점검하라

•

당신은 지금까지 인간관계에서 어떤 균열을 경험해봤는가? 먼저 부모-자식, 연인 혹은 부부, 친구, 동료, 친척 등 관계의 유형을 나열하고 각각의 관계에서 경험했던 균열과 균열의 원인이 되었던 사건이 무엇이었는지 한번 적어보자.

부부관계에서는 주로 돈, 직장, 자녀, 가족, 감정, 가치관 등의 문제로, 부모 혹은 형제자매 관계에서는 서로 다른 생각 때문에, 직장에서는 동료와 의견이 맞지 않거나 상사에 대한 불만이 쌓여 다툼이 일어난다. 이처럼 우리는 살면서 다양한 인간관계의 균열을 경험한다. 특히 실패나 상실과 같은 역경을 겪고 있을 때 스트레스로 인해 관계에 균열이 일어나기 쉽다.

관계에서 생기는 다툼과 충돌 안에는 3가지 핵심 주제가 숨어 있다. 첫 번째는 권력과 통제권이다. 왜 항상 네 말대로 해야 해? 왜 항상 네가 결정해? 두 번째는 관심과 사랑이다. 너를 믿고 의지해도 될까? 나를 존중해주고 내 요구를 중요하게 생각해줄까? 너한테 나는 중요한 사람일까? 세 번째는 존중과 인정이다. 내가 널 위해 하는 일들이 얼마나 대단한 건지 알지? 내가 널 위해 얼마나 노력하고 희생하고 있는지 알지?

지금까지 당신이 경험한 관계의 균열을 다시 떠올려보며 그때 도대체 무엇이 내 감정을 자극했는지 생각해보자. 예를 들어 배우자와 돈 문제로 다툼이 벌어졌다고 치자. 당신은 돈을 아껴야 한다고 여행을 가지 않는 짠돌이 혹은 짠순이 배우자에게 잔뜩 화가 난 상태다. 이 다툼에서 당신이 가장 중요하게 생각하는 문제는 무엇인가? 이 다툼 속에 숨어 있는 핵심 주제는 무엇인가? 위의 3가지 주제와 관련이 있는 것인가?

어떤 관계든 균열이 생기는 건 지극히 정상적인 일이다. 균열이 생겼을 때 틈을 점점 벌어지게 만들어 결국 산산조각 내는 사람도 있지만 갈라진 틈으로 밝은 빛을 받아들여 문제를 확인하고 대면할 기회를 만드는 사람도 있다.

여기에서는 먼저 잘 균열되는 방법을 배우고, 균열된 관계를 정비하는 방법에 대해 알아보겠다.

관계에 균열이 생겼다는 것은

따스한 햇빛을 받아들이고

관계를 새로 정비할 수 있는 기회를 얻었다는 의미다.

충돌이 일어났을 때
당신의 신경계통은

●

앞부분에서 소개했던 신경계통 사다리를 기억하는가? 신경계통은 외부 세계에서 전달하는 정보에 따라 반응한다. 내가 안전하다고 느낄 때 신경계통은 사다리 최상층으로 올라가서 충분한 사고와 소통이 가능하게 해준다. 그러나 갑자기 위협이 나타나면 사다리 중간층으로 이동하고 여기에서 위협이 한층 더 가중되면 사다리 최하층으로 이동한다.

충돌이 발생했을 때 두 사람의 신경계통이 모두 중간층에 있다면 두 사람은 크게 소리 지르며 격렬한 논쟁을 벌이고 있는 상태다. 만약 한 사람은 사다리 중간층에 있고 다른 한 사람은 사다리 최하층에 있다면 한 사람은 계속 큰 소리로 상대를 비난하고 있는데 다른 한 사람은 말을 한마디도 하지 않고 냉담하게 있는 상태다. 두 사람 모두 신경계통 사다리가 최하층에 있다면 둘 다 며칠씩 말을 안 하고 버티고 있는 상태다.

관계에 균열이 생겼을 때 당신의 신경계통 사다리는 어느 층에 있는가? 이때 당신은 어떤 행동을 하는가? 상대방의 신경계통 사다리는 어느 층에 있다고 생각하는가? 그의 반응은 어떠한가?

나는 상담실을 찾아온 사람들에게 균열이 생길 때마다 스스로에게 이런 질문을 해보라고 말한다.

'나는 진심으로 연결되고 싶은 것인가? 아니면 이기고 싶은 것인가?'

연결을 선택했다면 두 사람 사이의 연결이 끊어지지 않도록 보호하면서 건강한 방식으로 싸워야 한다.

부부관계 연구의 권위자인 존 가트맨 박사는 부부관계를 망치는 4가지 요소로 비난, 경멸, 방어, 담 쌓기를 꼽았다. 가트맨 박사는 이것을 '결혼의 종말을 예고하는 4가지 독'이라고 불렀다. 사실 이 4가지 요소는 부부관계뿐만 아니라 어떤 관계든 망칠 수 있다. 관계에 균열이 생기기 시작했을 때 이 4가지 행동을 계속한다면 균열은 점점 더 커질 것이다.

그렇다면 균열이 더 이상 커지지 않게 하려면 어떻게 해야 할까? 먼저 자신의 신경계통이 어떤 상태인지 알아야 한다. 중간층 상태이거나 최하층 상태에 있다면 종말을 부르는 독이 열심히 퍼지고 있을 가능성이 크다. 이러한 상태를 자각했다면 잠시 멈춰서 신경계통이 다시 사다리 최상층으로 올라갈 수 있도록 조절해야 한다.

내가 상담실에서 만난 한 남자는 신경계통 사다리에 대해 알게 된 이후 이 내용을 배우자와 공유했다고 한다. 그리고 둘 사이에 갈등이 생겼을 때 신경계통이 안정적인 상태에 있지 않으면 곧바로 멈추고 안정을 되찾을 때까지 기다렸다가 다시 이야기를 나누기로 약속을 정했다. 그는 자신의 신경계통이 사다리 중간층으로 내려가고 있다고 느껴지면 곧바로 배우자에게 이렇게 말했다.

"나는 당신과 이 문제를 꼭 해결하고 싶지만 지금 내 신경계통 사다리가 중간층에 있다는 걸 느끼고 있어. 지금 대화를 계속하면 분명 당신에게 상처 주는 행동을 하게 될 거야. 난 누구보다 소중한 당신한테 상처를 주고 싶지 않아. 그러니까 우리 잠깐만 멈췄다가 마음이 가라앉으면 다시 이 문제를 논의해보자."

그는 우선 심호흡을 하면서 마음을 가라앉히고 마음이 평온해지면 배우자와 대화를 다시 시작한다고 했다.

취약성을 드러내는 용기

•

앞부분에서 사람의 뇌는 뛰어난 편집자여서 각양각색의 이야기를 만들어낼 수 있다는 이야기를 했다. 흥미로운 점은 신경계통의 상태는 뇌에서 만들어낸 이야기의 영향을 받는다는 것이다. 신경계통이 전투 혹은 도피 상태에 진입했을 때 뇌에서는 이런 이야기를 만들어내기 시작한다.

'저 사람이 일부러 그런 거야!'

'세상은 정말 위험한 곳이야!'

신경계통이 최하층으로 내려갔을 때는 이런 이야기가 만들어지고 있다.

'정말 외로워. 나를 생각해주는 사람은 아무도 없어.'

'아무도 나를 사랑해주지 않아.'

신경계통에 반응이 나타나면 뇌에서는 신경계통의 상태에 맞는 이야기를 만들어내기 시작한다. 그렇기 때문에 누군가와 관계를 맺고 있을 때 자신의 신경계통이 현재 어떤 상태에 있고, 뇌에서 어떤 이야기를 만들어내고 있는지 자각하는 것이 매우 중요하다. 자각하지 못하면 뇌에서 만들어진 이야기를 모두 사실로 받아들이게 된다.

'데이트에 지각하다니! 나를 중요하게 생각하지 않는 것이 분명해.'

'사장님은 내가 아무것도 할 줄 모른다고 생각하는 것이 분명해. 그러니까 나를 저런 눈빛으로 보시겠지.'

이처럼 뇌에서 만들어낸 이야기를 사실로 믿게 되면 상대방과 적극적으로 소통하지 않게 된다. 그러면 자연히 마음속에 불만이 쌓이게 되고 균열은 점점 더 커진다.

마음속에 불만이 쌓이고 있다는 걸 자각했을 때 이런 생각을 상대방에게 말할 수 있는가?

브레네 브라운 교수는 대화를 할 때 '내가 지금 만들고 있는 이야기는…'이라는 문장을 자주 사용한다고 한다. 이 문장 다음에는 자신의 머릿속에 떠오르는 생각을 이야기한다. 예를 들어 내가 진지한 이야기를 하고 있는데 남자친구가 휴대폰만 들여다보고 있어서 화가 났다고 치자. 이럴 때 '내가 말하는데 듣지도 않고, 너는 나를 중요하게 생각하지 않는 거야!'라고 비난하기보다는 이렇게 말해보는 것이다.

"내가 지금 중요한 이야기를 하고 있는데 네가 계속 휴대폰만 보고 있으니까 머릿속에 자꾸만 이런 이야기가 들리는 것 같아. 네가 내 감정을 중요하게 생각하지 않고 있다고 말이야."

갈등이 생겼을 때 '공격과 비난'의 방어기제를 사용하기보다는 마음속에 느껴지는 감정을 솔직하게 표현하는 연습을 해야 한다. 원만한 관계는 두 사람이 각자의 취약성을 기꺼이 드러내고 상대방이 자신의 내면을 들여다볼 수 있도록 할 때 만들어진다. 또한 뇌에서 만들어지고 있는 이야기를 자각했을 때 이러한 생각을 상대방에게 털어놓는 것도 중요하다. 지금 내 머릿속에서 어떤 이야기가 만들어지고 있는데 정말 그렇게 생각하느냐고 의견을 물어 이야기의 진위를 파악할 수 있다.

물론 자신의 취약성을 남에게 드러내는 건 쉽지 않다. 성장 과정에서 취약성을 함부로 드러내면 안 된다고 배웠을 수도 있고, 사회에서 취약성을 드러내는 건 옳지 않다는 사상을 끊임없이 주입했을 수도 있다. 예를 들어 대부분의 사회에서 남자는 강해야 하고 약한 모습을 보이면 안 된다고 강조한다. 그래서 남자들은 공격, 폭력, 분노 등의 행위로 자신의 취약성을 감추려고 하는 경우가 많다.

취약성을 드러내려면 대단한 용기와 모험심이 필요하다. 상대방이 어떻게 반응할지, 또 어떤 결과가 있을지 예측할 수 없기 때문이다. 그러나 진실된 관계가 이루어지려면 어느 정도의 리스크는 감수해야 한다. 상대방을 잃을 수도 있고 상대방으로부터 거절을 당할 수도 있기 때문이다. 하지만 그럼에도 불구하고 자신의 취약성을 드러내고 자신의 가장 진실한 모습을 상대에게 보여주기를 원한다면 깊고 두터운 관계를 형성할 수 있다.

인간관계를 위한 회복의 기술

살다 보면 누구나 가끔씩 실수를 저지르기도 하고 일을 망치기도 한다. 또 다른 사람에게 상처를 주기도 하고 반대로 상처를 받기도 한다. 우리는 완벽한 사람이 아니기 때문에 인간관계에 종종 균열이 생긴다.

이제 다음 질문에 대해 한번 생각해보자. 당신은 여러 관계에서 균열이 생겼을 때 관계를 다시 정비하기 위해 어떤 노력을 해봤는가? 당신의 부모님은 이럴 때 어떤 방법으로 관계를 정비하셨는가? 당신이 사용하는 방법과 유사한 점이 있는가?

관계에도 연습이 필요하다

•

앞서 고정형 사고방식과 성장형 사고방식을 가진 사람이 실패를 바라보고 대처하는 방식이 어떻게 차이가 나는지에 대해 알아봤다. 마찬가지로 이 2가지 사고방식은 인간관계를 해석하는 방식에서도 큰 차이를 보인다.

여기 샤오훼이와 샤오란이라는 두 명의 여성이 있고, 두 사람 모두 현재 만나고 있는 사람이 있다. 고정형 사고방식을 가진 샤오훼이는 사람의 재능, 능력, 특징은 변하지 않는다고 믿었다. 물론 연애를 할 때도 상대의 특징이나 관계의 질은 쉽게 변하지 않는다고 생각했기 때문에 처음부터 완벽한 운명의 상대를 만나야 완벽한 관계를 만들 수 있다고 여겼다.

두 사람이 만날 때 샤오훼이는 상대가 자신이 무슨 생각을 하는지 당연히 다 알고 있어야 한다고 생각했다. 그리고 자신은 상대가 무슨 생각을 하는지 모두 알고 있다고 확신했다. 고정형 사고방식을 가진 사람은 상대방이 어떤 생각을 갖고 있는지 다 안다고 믿기 때문에 소통하기보다는 자기 마음대로 가정한다. 예를 들면 여행 계획을 세울 때 샤오훼이는 상대가 무엇을 좋아하는지 물어보기보다 자신이 좋아하는 걸 상대도 좋아할 거라고 믿고 계획을 세운다. 고정형 사고방식을 가진 사람은 다툼이 생겼을 때 상대방을 비난하는 경향이 있다. 또 고정형 사고방식을 가진 사람은 관계의 질은 쉽게 변하지 않는다고 생각하기 때문에 갈등이 생기면 서로 소통해서 문제를 해결하려고 하기보다 상대가 자신의 운명의 상대가 아니라고 여긴다.

반면 성장형 사고방식을 가진 샤오란은 연인 관계를 바라보는 방식이 샤오훼이와는 완전히 달랐다. 샤오란은 자신의 능력이 노력에 따라 더욱 발전할 수 있다고 믿는 것처럼 연인 관계의 질도 노력하면 더욱 개선될 수 있다고 여겼다. 성장형 사고방식을 가진 사람은 세상에 완벽한 상대는 없다는 걸 알았고, 두 사람이 서로 다르기 때문에 갈등이 생기는 건 정상적인 일이라고 생각했다. 샤오란은 좋은 관계란 두 사람이 함께 소통해서 차이를 줄여나가는 것이라고 믿었고, 무슨 일이 생기면 상대와 적극적으로 소통했다. 성장형 사고방식을 가진 사람은 관계의 질이 더욱 개선될 수 있다고 믿기 때문에 다툼이 생겼을 때도 상대방과 적극적으로 소통하며 문제를 해결해나갔다.

당신의 연인 혹은 부부관계는 샤오훼이와 샤오란 중 어느 쪽에 가까운 편인가? 당신은 고정형과 성장형 중 어떤 사고방식을 가졌는가? 실수를 저지른 사람을 보면서 곧바로 실력이 형편없는 사람이라고 단정 짓는 편인가, 아니면 노력하면 바뀔 수 있다고 생각하는가? 실수한 사람에게 만회할 기회를 줄 수 있는가?

그동안 고정형 사고방식으로 다른 사람을 대했다고 하더라도 너무 의기소침해할 필요는 없다. 지금부터라도 성장형 사고방식을 키우는 연습을 시작하면 된다. 세상에 완벽한 관계는 없다. 앞장에서 관계란 '연결 – 균열 – 정비 – 재연결'의 반복 과정이라고 설명한 것처럼 균열이 생기는 것은 아주 정상적인 일이고, 균열 후 다시 정비하는 과정을 통해 관계는 한층 더 성숙해질 수 있다.

균열된 관계의 정비는 진심 어린 사과에서 시작된다.

어떻게 사과해야 할까?

•

"당신은 사과할 줄 아나요? 혹시 진심으로 사과하는 법을 알고 있나요?"

어느 날 팟캐스트를 듣고 있는데 심리학자 해리엇 러너가 이런 질문을 던졌다.

이 질문을 들었을 때 머릿속에 가장 먼저 떠오른 생각은 이런 것이었다.

'사과는 엄청 쉬운 일 아닌가? 어렸을 때도 잘못한 일이 있으면 미안하다고 말해야 한다고 배웠잖아.'

그런 다음 계속 생각해봤다. 그런데 어른이 된 다음에는? 어른들도 사과할 줄 알던가? 혹시 당신은 부모님이 서로 사과하는 모습을 본 적이 있는가? 자라면서 부모님이 당신에게 사과한 적이 있는가? 당신이 부모라면 아이에게 사과한 적이 있는가?

상담을 하다 보면 "우리 부모님은 한 번도 미안하다고 말씀하신 적이 없어요"라고 말하는 사람들을 종종 만날 수 있다. 그중 한 사람이 이런 말을 했다.

"저희 엄마는 사과할 줄을 모르세요. 저는 우리 부모님이 서로 미안하다고 사과하는 걸 한 번도 본 적이 없어요. 한번은 제가 물건을 제자리에 두지 않아서 혼이 났는데 나중에 알고 보니 엄마가 잘못 놔둔 거였어요. 그런데도 절대 미안하다고 하지 않고 아무 일도 없었다는 듯이 넘어가더라고요!"

'사과'라는 단어를 듣고 사람마다 떠올리는 생각과 감정은 모두 다르며 이러한 반응은 성장 과정에서 가족 구성원들이 서로 어떻게 사과하는지를 보고 배운 것이다.

나의 어린 쌍둥이 조카 중 한 명이 '미안해'라는 말을 정말 자주 했다. 한번은 지나가다가 실수로 부딪혀서 내가 먼저 사과했다.

"부딪혀서 정말 미안해!"

그러자 아이가 이렇게 대답했다.

"미안해요!"

또 한번은 무슨 이야기를 하다가 어떤 사람들이 싸웠다는 말을 했는데 조카가 갑자기 고개를 들더니 나를 보고 '미안해요'라고 말했다. 조카의 반응이 너무 귀여웠지만 한편으로는 이런 생각이 들었다. 과연 이 어린아이에게 '미안해'라는 세 글자는 어떤 의미일까?

그럼 이제 다음 질문에 대해 한번 생각해보자. 당신의 마음속에서 사과는 어떤 의미인가? 당신은 사과할 줄 아는 사람인가? 사과할 줄 안다면 어떤 방식으로 미안함을 표현하는가? 사과했을 때 상대방이 어떻게 반응하는가?

내 몫의 사과

•

러너 박사는 『당신, 왜 사과하지 않나요?』라는 책에서 진심으로 사과하는 방법에 대해 소개했다. 그녀는 관계 속에서 생기는 갈등은 일반적으로 누구 한 사람만의 책임이라고 말할 수 없고, 설령 상대방의 잘못이 더 크다고 할지라도 나의 책임은 무엇이었는지 생각해보고 내 몫의 잘못에 대해서는 진심으로 사과해야 한다고 말했다.

러너 박사는 책에서 자신의 경험을 예로 들었다. 그녀의 남편은 장을 보면 꼭 푹 익은 바나나를 사 왔는데 남편에게 이런 바나나를 사 오면 금방 물러서 못 먹게 된다고 여러 차례 말을 해도 행동이 바뀌지 않았다고 한다. 결국 한번은 이 문제로 다투다가 너무 화가 나서 남편에게 심한 말까지 하게 되었다.

"도대체 어떤 멍청이가 음식을 이런 식으로 낭비해요?"

분명 남편이 잘못한 부분이 더 컸지만 심한 말을 해서 상처를 준 건 그녀의 잘못이었고, 러너 박사는 자신의 잘못에 대해서 남편에게 진심으로 사과했다.

진심 어린 사과는 목적이 없어야 한다. 자신이 잘못했다고 생각한 부분에 대해서 진심으로 사과를 해야지, 사과를 통해 어떤 목적을 이루려고 해서는 안 된다는 의미다. 사과를 하고 나서 "내가 사과했으니까 너도 나를 용서해줘야 해!" 혹은 "내가 사과했는데 왜 화를 안 풀어?"라고 말하는 사람들이 있다. 사과를 하면 상대방이 나를 위해 무언가 해줘야 한다고 생각하는 것이다. 이러한 사과는 온전히 자신의 사리사욕을 채우기 위한 행위일 뿐, 진심 어린 사과가 아니다.

러너 박사는 사과를 할 때 '자신이 저지른 행위'에 대해 사과를 해야 한다고 말한다. 예를 들어 성차별적인 발언을 해서 사과를 할 때 올바른 사과 방법은 "내가 여성을 비하하는 농담을 해서 정말 미안해요"라고 말하는 것이다. 절대 "내가 한 농담 때문에 상처받았다면 정말 미안해요"라고 말하면 안 된다. 왜냐하면 후자는 "당신이 너무 예민해서 내가 던진 농담에 상처를 받은 것이다"라고 상대에게 책임을 전가하고 있기 때문이다.

그 밖에도 사과를 할 때는 '하지만'이라는 말을 사용하면 안 된다.

"소리 질러서 미안해. 하지만 네가 내 말을 안 들어주니까 나도 어쩔 수 없이…."

이런 식의 사과는 결국 또 다른 싸움으로 번지게 할 뿐이다. 만약 진심으로 사과를 하고 싶다면 절대 '하지만'이라는 단어를 사용하지 않도록 한다. 꼭 이야기하고 싶은 점이 있더라도 그건 조금 나중으로 미루는 것이 좋다.

무엇보다 사과는 절대 말로 끝나서는 안 되고, 그 이후에 행동의 변화가 뒤따라야 한다. 말로만 "다시는 안 그럴게!"라고 하고 행동이 바뀌지 않으면 진심 어린 사과가 아니다.

그럼 이제 당신의 사과 방식은 어떤지 한번 생각해보자. 당신은 자신이 잘못하고 책임져야 하는 부분에 대해 진심으로 사과하는 편인가? 아니면 그저 습관적으로 "미안해, 잘못했어"라는 말을 자주 반복하는 편인가? 당신의 자라온 가정 혹은 사회에서는 잘못했을 때 어떻게 사과를 해야 한다고 가르쳤는가?

이제 최근에 사과를 했던 경험을 떠올려보면서 당신이

사과했을 때 상대방의 반응이 어땠는지 한번 생각해보자. 또 누군가 사과를 했을 때 당신은 어떻게 반응했는가?

사과를 제대로 받아주는 방법

●

러너 박사는 많은 사람들이 사과를 하려고 하지 않는 이유가 사과를 했을 때 상대방으로부터 모욕과 질책을 받는 것이 싫어서라고 말했다. 내가 상담했던 사람 중에도 이런 말을 한 사람이 있다.

"제가 아빠한테 사과드리면 아마 30분 넘게 저를 비난하실 거예요. 네가 진짜 잘못했다는 걸 알았으면 왜 처음부터 그런 짓을 했냐, 내가 그렇게 얘기해도 듣지도 않더니 결국 이렇게 될 줄 알았다, 네가 항상 그런 식이지 뭐, 그렇게 살아서 대체 뭐가 되려고 그러냐… 라고 말이에요."

혹시 당신도 이런 대화가 익숙하게 느껴지는가?

앞에서 이야기했던 고정형 사고방식과 성장형 사고방식에 관한 내용을 다시 떠올려보자. 만약 당신이 고정형 사고방식을 가진 사람이라면 다른 사람의 사과를 받아들이는 것이 어려울 수도 있다. 사람이 변하고 성장할 수 있다는 것을 믿지 않기 때문이다. 그러나 성장형 사고방식을 키우는 연습을 한다면 사람이 실수를 통해 배우고 성장할 수 있다는 것을 믿고 실수를 만회할 수 있는 기회를 주는 너그러운 사람이 될 수 있다.

러너 박사는 많은 사람들이 사과를 받았을 때 이런 반응을 보이기도 한다고 말했다.

"아니야, 사과할 필요 없어. 난 아무렇지도 않으니까 신경 쓰지 마."

진심으로 상처를 받았음에도 불구하고 상대방이 사과를 하면 '아무렇지도 않다'는 태도를 보일 때가 있다. 결국 이 말은 많은 사람들이 진심으로 사과하는 방법뿐만 아니라 사과를 제대로 받아주는 방법도 잘 모르고 있다는 의미다. 나는 러너 박사의 책을 읽은 이후 사과를 받아주는 방식을 바꾸려고 노력 중이다. 이제는 누군가 사과를 하면 "사과해줘서 고마워"라고 말해주기 위해 연습을 하고 있다. "사과해줘서 고마워"라는 말은 짧지만 강한 힘을 갖고 있다. 이 말속에는 '네 행동으로 상처를 받은 건 사실이지만 네가 자신의 행동을 뉘우치고 사과해줘서 정말 고맙게 생각해'라는 의미가 담겨 있다.

진심 어린 사과는 상대방에게 큰 선물이 될 수 있다. 사과를 통해 상대방이 얼마나 중요한 사람이고, 상대방의 감정을 얼마나 중요하게 생각하는지에 관한 마음을 전달할 수 있기 때문이다. 또한 사과는 나 자신에게도 큰 선물이 될 수 있다. 다른 사람에게 상처를 준 행동을 돌아보고 자신의 취약성을 기꺼이 드러내어 용기 있게 사과를 했기 때문이다.

무엇보다 진심 어린 사과는 두 사람의 관계에 큰 선물이다. 인간관계에 균열이 생겼을 때 올바로 정비하는 법을 알면 원만한 관계를 계속 유지할 수 있다. 이러한 사람과 사람 사이의 진실한 관계는 시련과 역경이 닥쳤을 때 다시 회복할 수 있는 힘이 되어준다.

좋은 일이 생겼을 때 함께 있는 사람

심리학자 셸리 게이블이 이런 제목의 글을 쓴 적이 있다.

'내가 정말 잘되었을 때 당신은 내 곁에 있을 건가요?'

나는 이 글의 제목을 보고 한참 동안 생각에 잠겼다. 과연 이 글은 어떤 내용일까? 좋은 일이 생겼을 때에도 관계에 균열이 생길 수 있단 말인가?

문득 상담실에서 만난 한 여성의 이야기가 떠올랐다. 그녀는 어느 날 엄마에게 전화를 걸어 회사에서의 승진 소식을 전했다. 그런데 축하 인사 대신 돌아온 건 회의적인 비난이었다.

"네가 그 일을 감당할 수 있겠어? 그동안 일이 많아서 죽겠다더니 이제 승진까지 했으니 대체 어쩔 거야? 너 그래서 네 애랑 가정은 잘 돌볼 수 있겠니?"

남편에게 이 소식을 전했을 때도 반응은 크게 다르지 않았다.

"그래서 앞으로 내가 애를 더 많이 돌봐야 한다는 말이야? 나도 요즘 회사에서 엄청 바쁘단 말이야!"

친구의 좋은 소식을 들었을 때

●

가족이나 친구 혹은 연인에게 내가 자랑하고 축하받고 싶은 일, 예를 들면 좋은 성적을 받았다거나 회사에서 인정을 받았다거나 또는 어떤 일에 새롭게 도전한다는 등의 소식을 전했는데 상대방이 큰 관심을 보이지 않고 심지어 냉담한 표정으로 이런저런 말로 비꼬면서 찬물을 끼얹는 경우가 있다. 혹시 당신도 이런 경험을 한 적이 있는가?

반대로 내가 상대방의 좋은 소식에 찬물을 끼얹은 경험을 했을 수도 있다. 상대방이 좋은 소식을 전했을 때 축하 대신 의심하고 비난했던 적이 있는가? 이런 행동을 하는 이유는 분명 상대방의 성공이 위협으로 느껴지고, 질투가 나서 그럴 것이다.

좋은 관계는 어려울 때 서로 도우면서 만들어지는 줄 알았는데 게이블 박사의 글을 읽고 새로운 깨달음을 얻었다. 사람과 사람 사이의 좋은 관계는 어려울 때 서로 도우면서 만들어지기도 하지만 정말로 견고한 관계를 만들려면 좋은 소식을 전했을 때 상대방의 성공에 진심으로 기뻐해줄 수 있어야 한다는 것을 말이다.

당신은 좋은 일이 생겼을 때 가장 먼저 누구에게 소식을 전하는가? 그리고 소식을 전해 들은 상대는 어떤 반응을 보이는가? 혹은 주변에서 좋은 소식을 전했을 때 당신은 어떤 반응을 보이는가?

앞에서 관계란 '연결 – 균열 – 정비 – 재연결'의 반복 과정이라고 설명했다. 누군가 당신에게 좋은 소식을 전했을 때 어떤 반응을 보이느냐에 따라 관계가 더욱 견고해지거나 균열이 생길 수 있다.

캐런 레이비치 교수는 좋은 소식을 전했을 때 사람들은 주로 다음과 같은 4가지 반응을 보인다고 설명했다.

- 함께 기뻐하기
- 대화 종결하기
- 찬물 끼얹기
- 화제 돌리기

4가지의 반응 중에서 관계를 더욱 견고하게 만들어주는 것은 하나밖에 없다. 나머지 3가지 반응은 관계의 균열을 만드는 것들이다. 다음의 설명을 읽으며 당신이 가장 자주 보이는 반응은 어떤 유형인지 생각해보기를 바란다.

1   함께 기뻐하기

함께 기뻐하기는 4가지 반응 중에서 유일하게 관계의 질을 높일 수 있는 반응으로 누군가 당신에게 좋은 소식을 전했을 때 온몸으로 기쁨을 표현하고 상대방의 이야기에 경청하는 것이다. 상대방과 함께 진심으로 기뻐할 때 기쁨은 두 배가 된다.

예를 들어 앞서 승진 소식을 전했던 여성의 남편이 이런 반응을 할 줄 아는 사람이었다면 아내의 승진 소식에 온몸으로 기쁨을 표현하고 승진에 대한 소감을 묻거나 아내의 능력을 칭찬해줬을 것이다. 물론 승진을 하면서 생기는 변화에 대해 서로 논의해야 할 문제도 있겠지만 그런 것은 조금 나중으로 미뤄도 괜찮다. 지금 이 순간에 할 일은 함께 기뻐하고 관계가 잘 연결되도록 하는 것이다.

다른 사람이 좋은 소식을 전했을 때 진심으로 함께 기뻐해준 적이 있는가? 혹시 아래의 3가지 경우처럼 관계를 해치고 균열을 만드는 반응을 보인 건 아닌지 살펴보자.

2 대화 종결하기

다시 똑같은 예를 들어보자. 아내가 승진 소식을 전했을 때 남편이 고개도 들지 않고 "어, 정말 대단하네"라고 시큰둥한 반응을 보인다면 아내의 기분은 어떨까? 비록 남편이 대단하다는 말을 하긴 했지만 표정은 전혀 기뻐 보이지 않았고, 더 이상 대화를 이어나가려 하지도 않았다. 다시 말해 아내와의 대화를 중단시킨 셈이다. 물론 너무 바쁘거나 꼼짝도 할 수 없을 정도로 피곤할 때는 이런 반응을 보일 수 있다. 특히 부모와 자녀 관계에서 이런 경우를 자주 볼 수 있다. 예를 들어 아이가 집에 와서 학교에서 있었던 일을 신나게 이야기하는데 이렇게 반응하는 아빠들이 있다.

"아빠 지금 일하고 있으니까 조용히 해. 할 얘기가 있으면 10분 뒤에 다시 오렴."

대개 이런 경우 아이는 다시 이야기를 꺼내지 않는다.

살다 보면 정말 눈코 뜰 새 없이 바쁠 때도 있고, 중요한 일을 처리해야 할 때도 있다. 하지만 가능하다면 당신에게 소중한 사람이 기쁜 소식을 전할 때 잠시 모든 것을 멈추고 그 사람을 온전히 바라보고 기쁨을 함께 나눠보는 건 어떨까?

3 찬물 끼얹기

혹시 당신은 기쁨에 찬물을 끼얹는 사람인가? 찬물 끼얹기란 상대방이 좋은 소식을 전했을 때 괜한 걱정이나 의혹을 제기하는 행동을 의미한다. 앞에서 딸의 승진 소식을 들은 엄마의 반응처럼 말이다.

"네가 그 일을 정말 할 수 있겠니? 그래 가지고 아이는 어떻게 돌보려고 그러니?"

남편의 반응도 마찬가지였다.

"그래서 앞으로는 내가 애들 더 많이 돌봐야 한다는 말이야?"

이런 식으로 찬물을 끼얹으면 상대방의 기쁨이 사라질 뿐만 아니라 사소한 오해가 쌓여 관계에 큰 균열이 생길 수도 있다.

찬물을 끼얹는다는 것이 어떤 의미인지 알았을 때 속으로 크게 한숨을 쉬었다. 그동안 나도 누군가의 기쁨에 찬물을 끼얹은 적이 많았다는 사실을 깨달았기 때문이다. 그리고 그때 나의 반응이 상대방을 얼마나 불편하게 했을지 이해할 수 있었다. 당신도 누군가의 기쁨에 찬물을 끼얹은 경험이 있다면 과연 어떤 이유로 함께 그 사람의 기쁨에 동참하지 못했는지 곰곰이 생각해보기를 바란다.

Part 4 유대감이 만드는 회복의 기적

"혹시 나중에 일이 잘못될 수도 있는데 처음부터 너무 기대했다가 실망할까 봐 그랬어요."

"나중에 너무 스트레스 받을까 봐 어떤 문제들이 생길 수 있는지 미리 얘기해준 것뿐이에요."

당신이 어떤 이유에서 그런 행동을 했든 혹시 그 이유 아래에 더욱 심층적인 문제가 숨어 있는 건 아닌지 자세히 살펴봐야 한다. 누군가 당신에게 기쁜 소식을 전할 때는 자신의 요구는 일단 접어두고 상대방의 기쁨에 동참하는 것이 중요하다.

4 화제 돌리기

말 그대로 내가 기쁜 소식을 전하고 있을 때 상대방이 귀기울여 듣지 않거나 일부러 화제를 돌리는 행위를 의미한다. 예를 들어 아내가 남편에게 승진 소식을 전했을 때 남편이 이런 반응을 보이는 상황이다.

"어, 정말 대단하네. 참 나 오늘 새로 나온 축구화를 봤는데 정말 괜찮더라고. 그동안 살까 말까 고민하고 있었는데 당신 생각에는…"

그러면서 자연스럽게 휴대폰을 꺼내 쇼핑몰 화면을 보여준다.

만약 당신에게도 이런 경험이 있다면 왜 그렇게 반응했

는지 생각해봤는가? 어쩌면 상대방이 기쁜 소식을 전했을 때 문득 비슷한 경험이 떠올라 나도 모르게 이야기를 하게 되었을 수도 있고, 상대방의 성공에 질투가 났을지도 모른다. 그런 질투가 마음속의 불안함과 취약성을 건드려 무의식적으로 화제를 전환하거나 자신의 성공 이야기를 꺼냈을 수도 있다.

좋은 일이 생겼을 때
당신과 함께할게요

●

사람은 원래 무리를 이루고 사는 동물이고, 시련으로부터 회복하기 위해서는 다른 사람의 도움이 필요하다. 원만한 인간관계는 회복력을 키우는 중요한 기반이다. 여기에서 말하는 원만한 인간관계란 서로에게 자신의 취약성을 기꺼이 드러낼 수 있고, 좋은 일에 함께 기뻐하고 즐거워해줄 수 있는 사이를 의미한다.

위의 4가지 반응을 살펴보면서 평소에 내가 어떻게 반응했는지 생각해보고 반성할 수 있었다. 평소에 상담실에서 사람들을 만날 때는 상담사로서 그들의 이야기에 귀를 기울이고 경청하며 함부로 평가하지 않는다. 그러나 상담실을 떠나 다른 관계에서는 다른 사람의 이야기에 불쑥 끼어들어 방해하거나 내

이야기를 하느라 다른 사람의 말을 끝까지 듣지 못할 때가 종종 있었다. 이러한 사실을 자각한 이후에는 다른 사람과 소통할 때 더 열심히 경청하는 연습을 하고 있고, 누군가 기쁜 소식을 전했을 때 함께 기뻐해주려고 노력한다.

종이에 당신이 중요하게 생각하는 사람들의 이름을 모두 적어보고, 그들이 기쁜 소식을 전했을 때 내가 어떤 식으로 반응을 했는지 찬찬히 생각해보자. 만약 그들의 기쁜 소식에 내가 찬물을 끼얹었거나 대화에 멋대로 끼어들어 중단시켰던 경험이 있다면 지금이라도 이런 사실을 자각하고 변화를 시도해야 한다. 종이에 적힌 이름들은 모두 당신이 아끼고 사랑하는 중요한 사람들이다. 마음속에 이렇게 소중한 사람들을 위한 공간을 마련해놓고 그들의 이야기를 경청하면서 서로의 취약성뿐만 아니라 기쁨과 즐거움도 함께 나눌 수 있는 관계를 만들어나가야 한다.

회복력은 서로를 통해 강해진다

한 강연을 들으러 갔을 때의 일이다. 강사는 무대에 올라오자마자 청중들에게 심호흡을 유도하며 몸과 마음을 편안하게 가라앉히도록 했다. 그런 다음 이렇게 말했다.

"오늘 이 강연에서 얼마나 많은 것들을 얻어 가느냐는 여러분이 제 강의를 어떻게 들을 것인가에 달렸습니다. 오늘 제 강의를 어떻게 들을 건가요? 그리고 들은 것을 어떻게 마음에 담아 갈 건가요?"

그날 강연이 끝난 이후에도 이 말은 오랫동안 내 머릿속에 맴돌았다. 내가 무엇을 얻을 수 있을지는 어떻게 들을 것인지에 달렸다고? 우리는 평소에 다른 사람들의 말을 어떻게 듣고 있을까?

문득 부부 상담 혹은 가족 상담을 하면서 자주 들었던 말들이 머릿속에 떠올랐다.

"나는 당신이랑 더 많은 시간을 함께 보내고 싶어."

"내가 일 때문에 많이 바쁜 거 알잖아. 나도 어쩔 수 없는 상황이라고! 당신은 왜 나를 이해해보려고 하지도 않고 항상 비난만 하는 거야?"

이 부부의 대화 속에서 무엇이 보이는가? 아내가 남편에게 바라는 점을 이야기했더니 남편은 아내가 자신을 공격하고 있다고 생각해서 반격을 하는 상황이다. 나는 이 대화를 들으면서 상대방의 말을 '어떻게 듣느냐'가 '어떻게 말하느냐'보다 중요하다는 사실을 깨달았다.

당신은 일상생활에서 다른 사람과 대화할 때 상대방의 말을 어떻게 듣는 편인가? 상대방의 관점이 당신과 다를 때는 어떠한가?

논쟁 vs 대화

●

다른 사람의 말을 들을 때 논쟁을 하기 위해 듣는 것인지, 대화를 하기 위해 듣는 것인지 생각해봐야 한다. 논쟁과 대화는 서로 완전히 다른 문화다. 논쟁의 문화에서 말하기의 목적은 이기는 것이고, 상대방의 말을 듣는 행위는 경청이라기보다는 반박하기 위한 허점을 찾는 행위에 가깝다.

반면 대화의 문화에서 듣는 행위의 목적은 상대방을 진심으로 이해하기 위한 것이지, 반박할 수 있는 논점을 찾아내기 위한 것이 아니다. 상대방의 말을 들으면서 대화의 관점을 이해하고 자신의 관점과 가설을 검토해보기도 하고, 공통점을 찾거나 새로운 관점을 생각해보기도 한다.

대만의 교육 시스템 안에서는 대화보다는 논쟁의 문화가 더 크게 발달할 수밖에 없다. 그래서 상대방의 관점을 경청하기보다는 자신의 생각이 옳다는 것을 증명하기에 급급한 사람들이 많다. 특히 선거철이나 가족들이 한자리에 모이는 명절에 혹은 사회적으로 큰 사건이나 논쟁이 발생했을 때 이런 모습이 더욱 두드러지게 나타난다. 사람들이 논쟁을 벌이는 장소는 다양하다. 인터넷 커뮤니티에서, SNS에서, 거리에서, 식당에서 혹은 각자의 집안에서 서로 다른 정치적 의견, 가치관, 사회 문제를 놓고 열띤 논쟁을 벌인다.

당신이 다른 사람들의 말을 듣는 목적은 허점을 찾아내 공격하기 위해서인가, 아니면 상대방을 진심으로 이해하기 위해서인가?

미국의 정신의학과 교수 댄 시겔 박사가 개발한 연습이 하나 있다. 먼저 "안 돼"라는 말을 큰 소리로 열 번 외쳐본다.

"안 돼! 안 돼! 안 돼! 안 돼! 안 돼! 안 돼! 안 돼! 안 돼! 안 돼! 안 돼!"

열 번을 다 외쳤을 때 몸과 마음에 어떤 느낌이 드는가?

이어서 "좋아"라는 말을 가볍게 열 번 되뇐다.

"좋아, 좋아, 좋아, 좋아, 좋아, 좋아, 좋아, 좋아, 좋아, 좋아."

이번에는 어떤 느낌이 드는가?

나는 "안 돼!"라는 말을 외칠 때 심장박동이 빨라지면서 몸에 긴장감이 느껴졌고 신경계통이 중간층 상태에 진입하고 있다는 걸 알아차릴 수 있었다. 그런데 그 이후에 부드럽게 "좋아"라는 말을 열 번 반복하자 몸이 이완되고 마음이 편안한 상태로 돌아왔다.

사실 우리는 다른 사람과 대화를 시작하기도 전에 이미 마음속으로 "안 돼!"라는 말을 열 번 외치고 이런 생각을 하고 있을 때가 많다.

'저 사람은 내 말을 듣고 싶지 않은 거야! 똑같은 말을 벌써 몇 번째 하는데 여전히 못 알아듣고! 정말 대화가 안 통하는 사람이야.'

이렇게 전투적인 자세로 논쟁을 하겠다고 시작하는 대화는 당연히 소통의 효과가 떨어질 수밖에 없다.

"나는 너를 바꾸고 싶지 않아.
너와 진심으로 함께 있고 싶을 뿐이야.
너의 모든 생각과 감정을 환영해."

다리를 건너 상대방을
만나러 가다

·

평소에 나와 다른 것, 예를 들어 다른 관점, 다른 생각, 다른 가치관을 만났을 때 어떤 감정이나 반응이 느껴지는가? 또 당신이 자라온 가정 혹은 사회에서는 다른 것을 어떻게 받아들여야 한다고 가르쳤는가?

아마 많은 사람들이 성장 과정에서 다른 것은 잘못된 것 또는 문제가 있는 것이라고 배웠을 가능성이 높다. 우리가 받는 교육은 모두가 똑같은 기준에 맞추도록 요구하고 남들과 똑같아져야 한다고 가르친다. 그래서 차이와 다름을 받아들이는 것이 결코 쉽지 않다.

관계 안에서의 충돌과 갈등은 대부분 차이로 인해 발생한다. 나는 이렇게 하는 것이 옳다고 생각하는데 동료는 저렇게 하는 것이 옳다고 생각한다거나, 나는 어떤 일에 대해 이렇게 생각하는데 남편 혹은 아내는 저렇게 생각한다거나 하는 차이 말이다. 사람은 각자 독특한 특징이 있기 때문에 서로 다르고 차이가 나는 것은 매우 정상적인 일이다. 관계 안에서 차이를 발견했을 때 해야 할 일은 차이를 없애는 것이 아니라 차이와 함께 공존하는 방법을 생각해내는 것이다.

똑같은 문제에 대해 나와 상대방이 완전히 다른 2가지 생각을 지니고 있을 때, 2가지 생각 중 옳고 그른 것은 없고, 단지 문제를 바라보는 시각이 서로 다를 뿐이라는 것을 이해하고 받아들일 수 있는가? 또 상대방이 나와 다르다는 것을 발견했을 때 나의 요구는 잠시 내려놓고 상대방을 진심으로 이해하려는 노력을 할 수 있는가?

부부관계 전문 심리치료사인 에스더 페렐은 이러한 비유를 들어 설명했다.

"당신은 다리를 건너 상대방을 만나러 가겠습니까?"

다시 말해 당신은 자신의 생각과 관점을 지금 서 있는 쪽 다리에 모두 내려놓고, 열린 마음으로 다리를 건너 상대방이 있는 세상으로 들어갈 수 있겠느냐는 의미다.

나는 이 비유를 듣고 난 이후, 다른 사람과 대화를 하기 전에 먼저 나와 상대방이 양쪽에 서 있는 다리를 머릿속에 그려 보는 연습을 한다. 그런 다음 내가 갖고 있는 관점과 편견을 모두 내려놓고 다리 건너에 있는 상대방을 만나러 간다.

자비로운 듣기

•

승려이자 평화운동가인 틱낫한이 제시한 '자비심으로 듣기'라는 개념이 있다.

"자비심으로 듣기란 상대방이 마음속에 쌓아둔 모든 것을 비우도록 도와주는 것입니다."

나는 이 말을 들을 때 한 사람이 커다란 그릇을 손에 들고 서서 상대방이 쏟아내는 온갖 아픔과 괴로움을 받아내는 모습이 머릿속에 떠올랐다. 다른 사람의 감정을 모두 받아준다는 건 절대 쉽지 않은 일인데 이런 모습을 떠올리니 참 아름다운 일이라는 생각이 들었다.

사람들은 흔히 좋은 해결 방법을 제시해주는 것이 그 사람을 도와주는 것이라는 착각을 한다. 그래서 누군가 고민을 털어놓기 위해 찾아오면 서둘러 상대방에게 '어떻게 해야 한다'거나, '이렇게 생각하면 안 되고, 저렇게 생각해야 한다'거나, '그런 감정을 느끼는 건 옳지 않다'는 등의 조언을 해주려고 애쓴다. 하지만 이건 경청하는 자세가 아니라 자신의 생각을 상대방에게 주입하려는 행위일 뿐이다.

경청이란 커다란 그릇을 손에 들고 상대방이 쏟아내는 말들을 모두 받아내는 아름다운 행위다.

지금 이 순간 누군가와 대화를 나누고 있다면 자신의 모든 생각과 평가를 내려놓고 상대방이 마음속에서 털어내는 모든 이야기를 가만히 받아줘라.

"나는 너를 바꾸고 싶지 않아. 너와 진심으로 함께 있고 싶을 뿐이야. 너의 모든 생각과 감정을 환영해."

마음속에 커다란 그릇을 들고 서서 상대방이 쏟아내는 모든 아픔을 받아주는 자비심으로 듣기 연습을 해보자. 비록 쏟아내는 말들이 완벽하지 않은 것들이라 할지라도 모두 소중한 감정들이다. 이러한 연습은 사람과 사람 사이의 연결을 더욱 깊고 단단하게 해준다.

회복력은 사람과 사람 사이의 연결을 통해 만들어진다. 원만한 인간관계는 연결이 촘촘하고 단단한 그물망과 같다. 이러한 그물망은 시련과 좌절이 닥쳐 추락할 때 당신을 단단히 받쳐주는 역할을 한다. 누군가 당신의 고통과 슬픔의 무게를 함께 받쳐준다면 무거워 버틸 수 없을 거라고 생각했던 괴로움이 한결 가볍게 느껴지고 시련을 마주할 수 있는 용기가 생긴다.

단단한 그물망이 받쳐주고 있으면 마음의 상처를 돌아볼 수 있는 여유가 생기고 상처를 회복한 다음 다시 일어나 새롭게 출발할 수 있다. 우리는 모두 서로가 필요하고, 회복력은 서로를 통해 만들어진다.

Part 5

실패했다고 생각하는 당신에게

역경과 시련에 의미가 있을까

유태인 강제 수용소에서 살아남은 심리학자 빅터 프랭클은 이렇게 말했다.

"자극과 반응 사이에 틈이 존재한다면 우리는 이 틈을 이용해 자극에 어떻게 반응할지 스스로 선택할 수 있다. 그리고 우리가 선택한 반응이 곧 성장과 자유를 결정한다."

나는 사람들의 마음의 상처를 치료해주는 심리상담사로서 고통스러운 환경에서 생존한 인류의 이야기에 관심이 많은 편이다. 특히 유태인 강제 수용소에 있었던 유태인들이 그곳에서 어떻게 생존했고, 수용소에서 나온 이후의 삶은 어땠는지 알아보기 위해 그들이 남긴 회고록을 여러 편 읽어보기도 했다. 심리치료사 에스더 페렐은 자신의 부모님 두 분 모두 유태인 강제 수용소의 생존자라고 밝힌 적이 있다. 두 사람은 양쪽 집안의 유일한 생존자였다. 나는 그들이 어떻게 수용소에서 나올 수 있었고, 두 사람의 경험이 페렐의 성장 과정에 어떤 영향을 끼쳤는지 알아보기 위해 그동안의 인터뷰 자료들을 자세히 살펴봤다.

살아 돌아온 사람들

•

페렐의 부모님은 수용소에서 해방되던 날 서로를 만나게 되었다고 한다. 그녀의 어머니는 엘리트였던 반면에 아버지는 교육을 거의 받지 못한 문맹이었다. 일반적인 상황에서는 이렇게 서로 다른 두 사람이 결혼을 하는 경우가 거의 없지만 당시에는 많은 생존자들이 이런 식으로 결혼을 해서 아이를 낳고 살았다.

페렐은 수용소 생존자들이 모여 살던 마을에서 자랐다. 그녀는 마을에 두 부류의 사람이 있다는 걸 알았지만 어렸을 때는 그들이 정확히 어떤 사람들이었는지 이해하지 못했다. 그러다가 심리치료사가 된 이후에 자신이 살았던 마을의 모습을 돌아보며 비로소 그들이 어떤 사람들이었는지 알게 되었다. 첫 번째 부류의 사람들은 수용소에서 생존한 이후에 '죽지 않은 사람들'이고 두 번째 부류의 사람들은 생존한 이후에 '다시 살아 돌아온 사람들'이었다.

'죽지 않은 사람들'은 매일 두려움 속에 살았고 다른 사람들을 신뢰하지 못했으며 생존 죄책감에 시달렸다. 그들은 내면에 원망과 분노가 가득했고, 자신의 인생은 이미 끝이라고 생각했다. 반면 '다시 살아 돌아온 사람들'은 삶에 활력이 가득했고 가까스로 생존한 만큼 살아남지 못한 사람들의 몫까지 더 열심히 살아야겠다는 의지가 강했다.

페렐의 부모님은 '다시 살아 돌아온 사람들'에 해당했다. 부모님은 수용소에서의 경험을 딸에게 자주 들려줬는데 그때의 삶이 얼마나 불행하고 비참했는지에 대해서가 아니라 대부분 어떻게 살아남을 수 있었는지, 무엇이 그들을 더욱 강하게 만들었는지에 관한 이야기였다. 부모님은 수용소에 몇 년을 갇혀 있으면서도 살아남아야겠다는 강한 의지를 잃지 않았고 언젠가 가족들을 다시 만날 수 있을 거라고 굳게 믿었다.

그들은 강제 수용소에서의 경험을 없었던 일로 만들 수 없었지만 그곳에서 생존한 이후 더 열심히 살아가겠다고 다짐했다.

페렐의 부모님은 강제 수용소에서 인생의 끔찍한 경험을 했지만 다시 살아 돌아온 이후 삶에 대한 강한 의지와 회복력을 보여줬다.

'강제 수용소'라는 단어를 실패, 상실, 상처, 좌절 등의 단어로 바꿔서 생각해보자. 어떤 사람들은 역경을 겪은 후 '죽지 않은 사람'으로 살아가고, 어떤 사람들은 '다시 살아 돌아온 사람'으로 살아간다.

이 책을 쓰고 싶었던 이유도 바로 이 때문이다. 우리는 인생에 닥치는 시련을 피할 수 없지만 내면의 회복력을 키워 역경이 지나간 후 다시 새롭게 살아갈 수 있다.

역경 속에서 의미를 찾다

●

실패와 상실 등 모든 역경은 좌절감과 슬픔을 동반한다. 기대했던 일이 일어나지 않기도 하고, 사랑했던 누군가를 잃기도 하고, 다른 사람에게 상처받기도 하고, 또 이 모든 일이 당신의 자존감과 가치관을 해치거나 세상에 대한 불신과 불안을 만들기도 한다.

슬픔과 상실의 5단계를 다시 한번 생각해보자. 모든 슬픔과 상실의 순간에 이러한 감정들을 느끼는 건 지극히 정상적인 일이다. 엘리자베스 퀴블러 로스와 함께 슬픔과 상실의 5단계를 밝혀 낸 심리학자 데이비드 케슬러는 2019년 말에 슬픔의 여섯 번째 단계를 발표했다. 그가 발견한 여섯 번째 단계는 바로 '의미 찾기'다.

'의미 찾기'라는 단어를 처음 들었을 때는 마음속에 왠지 모를 거부감이 들었다. 큰 슬픔에 빠져 있는 이들에게 종종 이런 말들로 섣부른 가르침을 주려고 하는 사람들이 있기 때문이다.

"그가 세상을 떠나고 나서 넌 인생에서 가장 중요한 것이 무엇인지 알게 되었잖아."

"이건 분명 하늘이 너를 시험하고 있는 거야. 꼭 이겨내야 해! 알겠지?"

"아이가 일찍 세상을 떠난 건 너를 더 강한 사람으로 만들어주기 위해서였나 봐."

그런데 내가 만났던 사람들은 대부분 이런 말을 들었을 때 위로보다는 평가를 받고 있는 기분이 들고 슬픈 감정을 제대로 느낄 수 없었다고 말했다.

나는 데이비드 케슬러의 『의미 수업: 슬픔을 이기는 여섯 번째 단계』를 읽고 나서야 그가 말한 '의미 찾기'가 내가 생각하던 것과 많이 다르다는 것을 이해하게 되었다. 케슬러는 고난 자체에는 아무런 의미가 없다고 말한다. 사랑하는 아이 혹은 배우자가 세상을 떠난 이유는 절대 무엇을 가르쳐주기 위해서가 아니다. 또한 시련은 극복해야 할 시험이 아니고 선물도 아니며 인생의 교훈을 가르쳐주는 수업도 아니다.

시련은 그냥 시련일 뿐이다. 살다 보면 누구에게나 찾아올 수 있는 일이고, 시련과 고난은 인생의 일부분이나 마찬가지다. 케슬러가 말하는 '의미 찾기'란 슬픔과 상실을 경험한 이후 앞으로의 인생을 어떤 마음으로, 어떻게 살아갈 것인지 선택하는 일이다. 결국 '의미 찾기'란 빅터 프랭클이 이야기한 '절대로 빼앗아갈 수 없는 인간의 자유'와도 같은 것이다.

케슬러는 설령 의미를 찾는다고 해도 슬픔이 저절로 사라지는 것은 아니고 여전히 슬픔과 괴로움을 마주해야 한다고 설명했다. 애통해하는 감정은 사랑의 연장선에 있는 것이고, 사랑하기 때문에 슬프고 아픈 것이다. 사람이 죽으면 생명은 끝난 것이지만 당신과 그 사람 사이의 사랑까지 사라져버리는 것은 아니다. 우리는 사랑하는 사람과 몸을 통해 연결되기도 하지만 감정이나 영혼을 통해 연결되기도 한다. 그러므로 생명이 끝나 몸의 연결이 끊어진다 해도 감정과 영혼의 연결은 그대로 남아 있다.

사랑하는 사람이 사라져도 당신과 그 사람이 나눴던 사랑까지 사라져버리는 것은 아니다. 다만 이전과는 다른 방식으로 존재할 뿐이다. 슬픔의 의미를 찾는다는 것은 누군가를 떠나보내고 내 인생을 계속 살아가야 할 때 떠나간 그 사람과의 사랑을 어떻게 계속 이어나갈 수 있을지 생각해보는 것이다.

상실과 마찬가지로 실패와 역경도 살면서 누구나 겪는

일이다. 이런 일을 겪었을 때는 괴로움을 직접 마주하고 잃어버린 것들에 대해 마음껏 애통해한다. 그런 다음에 실패와 역경에서 의미를 찾아본다. 과연 실패를 통해 무엇을 배울 수 있을까? 어떻게 하면 배운 것들을 통해 앞으로 나아갈 수 있을까?

내 인생에 나타나다

•

영화감독 우디 앨런은 이렇게 말했다.

"인생에서 80%의 성공은 나타나는 데 있다."

나는 처음에 이 말이 과연 무슨 뜻일까 한참을 고민했다. 특히 '나타나다'가 어떤 의미인지 잘 이해되지 않았다.

그러다가 앞서 에스더 페렐이 언급했던 두 부류의 사람들, '죽지 않은 사람들'과 '다시 살아 돌아온 사람들'이 떠올랐다. 그리고 이중 다시 살아 돌아온 사람들이 바로 자신의 인생에 다시 '나타난' 사람들이 아닐까 하는 생각이 들었다.

나타난다는 것은 어떤 곳에 모습을 드러내고 대면하며 머무르기를 원한다는 의미를 담고 있다. 그렇다면 인생에 나타난다는 것은 도전에 직면했을 때 실패할 수도 있다는 것을 알면서도 도전하는 것이고, 곁에 있는 사람이 괴로워하고 있을 때 고통을 함께 나누는 것이며, 상처받거나 거절당할 수도 있다는 걸 알면서도 누군가를 사랑하고 사랑을 고백하는 것이다. 또한 자신의 내면을 들여다보고 생각과 감정을 살피면서 그것이 전하는 정보에 귀를 기울이는 것이다.

이처럼 인생에 나타난다는 것은 굉장한 용기가 필요한 일이다. 나타난 후에 실패하고 실망하고 좌절하고, 여러 가지 불편한 감정을 느낄 수 있기 때문이다. 또 나타나서 인생을 대면하고 나면 편안하고 익숙한 것을 떠나 불확실성과 미지의 세계를 마주해야 할지도 모른다.

몇 년 전, 뉴욕 중심가에 커다란 칠판 하나가 등장했다. 그 옆에는 분필이 쌓여 있었고, 칠판에는 '인생에서 가장 후회되는 일을 써보세요'라고 적혀 있었다. 지나가던 사람들이 하나둘 분필을 들고 자신이 가장 후회하는 일을 적기 시작했다.

칠판에는 이런 내용들이 적혀 있었다.

너에게 사랑한다고 말하지 못한 것, 꼭 하고 싶었던 말을 마음속에 담아두고 하지 못한 것, 정말로 하고 싶었던 일을 중간에 포기한 것, 적극적으로 행동하지 못한 것, 좋은 친구가 되어 주지 못한 것, 도전하지 못한 것, 새로운 기회를 잡지 못한 것, 스스로의 안전지대를 벗어나지 못한 것, 참여하지 못한 것….

사람들이 적은 문장에는 그의 인생 이야기가 담겨 있었다. 나는 칠판에 적힌 문장들을 보면서 '못한 것'이라는 표현이 정말 많이 쓰였다는 것을 발견했다. 말하지 못한 것, 행동하지 못한 것, 이루지 못한 꿈…. 사람들이 가장 후회하는 일은 어떤 일에 도전했다가 실패한 것이 아니라, 그런 일들을 아예 시도조차 하지 못한 것이다. 즉 자신의 인생에 적극적으로 나타나 대면하지 않았다는 것이다.

나타남의 이면에 두려움이 숨어 있다. 실수에 대한 두려움, 실패에 대한 두려움, 거절에 대한 두려움…. 그러나 두려움이 인생을 좌우하면 '죽지 않은 사람들'의 삶을 살고 있는 것과 마찬가지다.

어쩌면 우리는 지난 실패와 역경 때문에 지금 '죽지 않은 사람들'의 삶에 갇혀 있을지도 모른다. 그러나 지금부터라도 '다시 살아 돌아온 사람들'이 될 수 있다. 인생에 나타나기만 하면 된다. 완벽하지 않아도 일단 나타나기만 한다면 그것으로 충분하다.

모든 위대한 변화는
혼돈에서 시작된다

한동안 내 책상에는 이런 메모가 붙어 있었다.

"모든 위대한 변화는 혼돈으로부터 시작된다."

당시 갑작스러운 시련을 겪으면서 계획이 완벽하게 짜여 있던 내 인생은 한순간에 혼돈에 빠지게 되었다. 나는 매일 벽에 붙은 이 문장을 읽으면서 속으로 '정말 이 말이 사실이었으면 좋겠다'라고 생각했다. 사실 내 안의 일부는 이 말이 사실이라고 믿었다. 그래야만 희망을 가질 수 있으니까. 하지만 또 다른 일부는 의심과 회의로 가득했다. 이러한 혼돈으로 인해 한 치앞을 내다볼 수 없었고 앞으로 무슨 일이 일어날지 전혀 예측할 수 없었다.

나는 다른 지역으로 이사를 가면서 이 메모를 떼어 서랍에 넣어두었다. 그러다가 최근에 이 책을 쓰면서 갑자기 생각이 나서 다시 꺼내어 봤다. 이번에 다시 문장을 읽었을 때 내 안에는 감사한 마음이 가득했다. 나는 당시 그 혼돈의 시간을 보내면서 한층 더 성장하고 변화했기 때문이다. 즉 혼돈의 시간이 지금의 더 나은 내 모습을 만들어준 것이다.

사실 모든 성장과 변화는 혼돈의 과정을 거쳐 일어난다. 우선 과거의 나를 완전히 허물어 무너뜨려 계속 가져갈 부분은 추리고 포기해야 할 것들은 과감히 버려야 한다. 그런 다음 여기에 새로운 것들을 채워 넣어 새로운 나를 만든다. 혼돈으로 인해 기존에 질서정연하게 놓여 있던 것들이 흔들려야 새로운 공간이 생겨나고 변화가 일어날 수 있다.

혼돈의 경험은 나의 인생관을 바꿔놓기도 했다. 예전에 나는 불확실한 것을 싫어했고 모든 일을 완벽하게 계획하기 좋아했으며 인생은 반드시 내가 계획한 대로 흘러가야 한다고 생각했다. 하지만 지금은 혼돈의 순간이 찾아오면 두려움보다는 호기심이 생긴다. 과연 이 혼돈은 나에게 어떤 변화를 만들어줄까? 나를 어떤 곳으로 데려가줄까?

혼돈은 변화의 시작이다

●

나는 상담을 할 때 인생을 배를 타고 항해하는 것에 자주 비유한다. 배를 타고 익숙했던 육지를 떠나 바다 한가운데로 가면 내가 떠나온 육지도 보이지 않고 건너편 육지도 보이지 않는다. 그럼 망망대해에서 길을 잃은 것은 아닐까 두렵고 불안해지기 시작한다. 익숙한 풍경이 사라지고 낯설고 잘 모르는 것들에 둘러싸여 있으면 이제 어디로 가야 할지, 앞으로 무슨 일이 펼쳐질지 몰라 두렵기만 하다. 이때 당신은 '중간 지대'에 머물고 있는 것이다.

살다 보면 자의로든 타의로든 익숙하고 편안한 곳을 떠나야 할 일이 생긴다. 여기에서 익숙한 곳이란 과거의 생활 방식, 일, 학업, 인간관계, 사랑, 계획된 미래, 신념, 자존감, 가치관 등이다. 이미 잘 알고 있는 편안한 곳을 떠나 미지의 세상으로 향하는 과정에서 만나게 되는 중간 지대가 두렵게 느껴지는 이유는 우리 뇌가 안전하다고 느끼는 익숙한 것이 모두 사라졌기 때문이다. 때로는 중간 지대에 머무르는 것이 너무 두려운 나머지 다시 익숙했던 곳, 예를 들면 무미건조했던 관계, 재미없고 지루했던 일 혹은 생활 방식, 오래된 가치관 등으로 돌아가는 사람들도 있다.

혼돈의 순간이 찾아오면 두려움보다는 호기심이 생긴다.

이 혼돈은 나에게 어떤 변화를 만들어줄까?

성장하기 위해서는 중간 지대에 충분히 머물러야 한다. 중간 지대는 새로운 시작을 의미한다. 불확실한 것에 대한 두려움을 이겨내고 중간 지대에서 계속 앞으로 나아가다 보면 한 번도 생각하지 못했던 새로운 세계를 만날 수 있다. 예전과는 완전히 다른 생활 방식, 인생관, 가치관, 새로운 커리어 등을 말이다.

변화란 오래된 무언가를 버리고 포기하는 것으로부터 시작되기도 한다. 모든 성장과 변화는 익숙한 곳을 떠나 중간 지대에 머무르기를 원할 때 이루어진다.

팬데믹으로 인해 많은 불안과 두려움을 느낀 것은 사실이지만 한편으로는 '내가 중간 지대에 들어섰구나!' 하는 생각이 들었다. 나의 가치관, 정체성, 미래에 대한 상상 등 그동안 내 삶에 뿌리 깊이 자리 잡고 있던 것들이 흔들리기 시작한 것이다. 나는 호기심이 생겼다. 과연 이 위기가 내 인생에 어떤 변화를 가져올까? 이 시간이 지나면 나는 어떤 사람이 되어 있을까?

인생의 모든 실패와 역경은 중간 지대로 진입할 수 있는 기회다. 당신은 이러한 기회가 생긴다면 기꺼이 중간 지대로 들어가겠는가?

현실을 받아들이면
달라지는 것들

●

세상은 매 순간 끊임없이 변한다. 『먹고, 기도하고, 사랑하라』의 작가 엘리자베스 길버트는 2020년 팬데믹에 관한 한 토론회에서 이렇게 말했다.

"세상은 지금 자신이 해야 할 일을 하고 있습니다. 세상이 해야 할 일은 끊임없이 변화하는 것이죠. 변화는 급격하게 이루어지기도 하고, 갑자기 아주 빠른 속도로 찾아오기도 합니다."

그리고 얼마 후 그녀는 자신의 페이스북에 사진 한 장을 올렸다. 자신이 쓴 일기를 찍어놓은 사진이었는데 거기에는 이렇게 적혀 있었다.

"당신이 인생에 항복하는 걸 두려워하는 이유는 통제력을 잃을 것 같기 때문이다. 하지만 생각해보면 처음부터 당신에게 통제할 수 있는 능력은 없었다. 당신에게 있는 건 오직 불안과 초조함뿐이다."

이 글을 읽고 '항복'의 의미를 한참 생각해봤다. 아마 많은 사람들이 '항복'이라고 하면 부정적인 의미를 먼저 떠올릴 것이다. 항복은 곧 지는 것이고 실패하는 것이라고 말이다. 세계 3대 영적 지도자로 꼽히는 에크하르트 톨레는 '항복'은 인생에 '좋다!'라고 말하는 거라고 설명했다. 인생에 항복하는 것은 삶을 포기하겠다는 의미가 아니라 삶에 저항하는 것, 현실에 저항하는 것을 포기하겠다는 의미다.

시련과 역경이 닥쳤을 때 끊임없이 불평하는 사람들이 있다.

'왜 이런 일이 생긴 걸까?'

'내 계획이 다 망가졌어!'

'왜 나한테만 이런 일이 생기는 거야! 정말 불공평해!'

'어떻게 나한테 이런 짓을 할 수 있지? 정말 너무해!'

이렇게 현실에 계속 저항하다 보면 마음에 원망과 증오가 가득 차게 된다.

인생에 항복하는 것은 현실을 받아들인다는 뜻이다. 내가 원했던 상황은 아니지만 이미 벌어진 일이라면 내가 이 상황을 어떻게 받아들여야 할지, 앞으로 무엇을 할 수 있을지 생각해보는 건 어떨까?

미지의 세계를 끌어안다

●

인생이 내 계획대로 흘러가야 한다는 생각을 버리기는 매우 어렵다. 적어도 나한테만큼은 정말 그렇다.

대부분의 괴로움은 인생이 예상했던 방향으로 흘러가지 않을 때 생긴다. 현실에 대한 저항과 '내 인생은 이렇게 되어야만 해!'라는 생각을 포기할 수 있을 때 있는 그대로의 삶을 받아들이고 인생을 더욱 행복하게 살 수 있다.

인생을 내 손으로 통제할 수 있다는 환상을 버리고 내 앞에 펼쳐진 미지의 세계와 불확실성을 끌어안으면 성공과 변화로 향하는 중간 지대에 들어갈 수 있다. 그리고 이 중간 지대에는 수많은 가능성을 발견하고 탐색할 수 있는 충분한 공간이 마련되어 있다.

과거의 나에서 새로운 나로 변화하기 위해서는 중간 지대를 반드시 지나가야 한다. 물론 중간 지대는 결코 편안하지 않다. 과거의 나는 이미 사라지고 없고 새로운 나는 아직 모습을 드러내지 않았기 때문에 내가 이도 저도 아닌 사람처럼 느껴진다. 중간 지대에서 당신은 불확실성과 공존해야 한다. 이곳에서는 한 손으로는 과거의 내 모습을, 한 손으로는 새롭게 만들어지는 내 모습을 동시에 움켜쥐고 있어야 한다. 무엇보다 중간 지대에서 충분한 시간을 보내야 새로운 나로 거듭난다는 것을 믿고 기다릴 수 있어야 한다.

지금 이미 중간 지대에 들어가 있다면 눈앞에 보이지 않는 미지의 세계와 불확실성을 꼭 끌어안고 앞으로 계속 나아가

기를 바란다. 그렇게 가다 보면 어느새 바다 건너편 새로운 세상
이 눈에 보일 것이다.

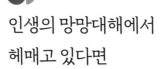

인생의 망망대해에서
헤매고 있다면

인생이 커다란 바다를 항해하는 것이라면 사람은 각자 자신의 배를 타고 자신의 항로를 따라 항해를 하는 중이다. 항해를 하다 보면 폭풍우를 만나기도 하고, 폭풍우로 인해 소중한 무언가를 잃고 좌절하기도 한다. 방향을 잃어서 내가 지금 어디에 있고 어느 곳으로 가야 할지 몰라 방황하기도 한다.

길을 잃었을 때 하늘의 북극성처럼 방향을 안내해주는 것이 바로 가치관이다. 인생의 항로를 제대로 찾기 위해서는 자신의 가치관을 정확히 파악하고 아는 것이 중요하다. 그렇지 않으면 망망대해에서 목적 없이 떠다니게 된다.

자신의 북극성을 찾아라

●

가치관은 사람의 마음속에 있는 규범과 기준이다. 사람은 실제 생활 모습과 내면의 가치관이 서로 부합할 때 인생의 충만함과 만족을 느낀다. 자신의 가치관에 대해 정확히 알면 어려운 결정을 내려야 할 때 도움이 된다. 또한 가치관은 역경을 이겨낼 수 있게 도와주는 든든한 버팀목이자 실패와 좌절을 겪고 난 이후 어디로 가야 할지 방향을 알려주는 나침반이다.

다음은 사람들이 흔히 갖고 있는 가치관들을 나열해놓은 것이다. 하나씩 천천히 읽어보고 자신에게 가장 중요한 '핵심 가치관' 3가지에 표시를 해보자. 사람은 각자 인생의 우선순위가 다른 것처럼 가치관도 서로 다르다. 그러므로 어떤 가치관이든 옳고 그름을 판단할 수 없고, 무엇을 선택하든 그것은 당신에게 중요한 일이다.

□ 책임감 □ 독립심 □ 정직 □ 성공

□ 사회적 지위 □ 인기와 명성 □ 금전

□ 이타심 □ 완벽추구 □ 전문성

□ 타인에 대한 관심 □ 사회공헌 □ 인간관계

□ 건강 □ 성실 □ 겸손 □ 용기 □ 창의력

□ 호기심 □ 정의 □ 가정 □ 경제적 안정성

□ 자유 □ 우정 □ 감사 □ 배움과 성장

□ 안정된 직업 □ 즐거움 □ 리더십 □ 사랑

□ 열정 □ 변화 □ 열린 마음가짐

□ 여행 □ 야심과 권력 □ 물질적 만족

□ 안정 □ 쾌적 □ 기타

가치관에 부합하는
인생을 살다

•

브레네 브라운 교수는 『리더의 용기』라는 책에서 가치관
의 중요성에 대해 설명한다. 브라운 교수는 자신의 가치관이 무
엇인지 말할 수 있는 사람은 많지만 가치관을 실제 행동으로 옮
기고 핵심 가치관에 부합하는 삶을 사는 사람은 지극히 소수라
고 지적한다.

말하는 건 쉽지만 행동으로 옮기는 것은 생각보다 쉽지
않다. 나 또한 내 가치관에 따라 행동하기보다는 늘 말에서 그치
는 경우가 많다. 내가 선택한 3가지 핵심 가치관은 '용기', '인간
관계', '배움과 성장'이다. 나는 인생을 용기 있게 살고 싶고, 다
른 사람들과 진심으로 연결되고 싶으며, 늘 배우고 성장하는 사

람이 되고 싶다. 그러나 정작 내 생활을 살펴보면 다른 사람과 교류하고 연결될 수 있는 시간도 일을 하고 개인적인 성과를 내는 데 쓰고 있다. 또 어렵고 도전적인 일보다는 쉽고 편안한 일을 주로 선택하고, 다른 사람에게 하고 싶은 말을 솔직하게 말하지도 못한다.

브라운 교수는 핵심 가치관을 선택한 이후에 어떤 행동이 가치관에 부합하고, 어떤 행동이 가치관에 위배되는 것인지 자세히 생각해봐야 한다고 말한다.

그래서 나도 가치관에 부합하는 행동과 위배되는 행동을 나열해봤다.

다음은 인간관계와 관련해 가치관에 부합한다고 생각하는 행동들이다.

- 다른 사람과 시간 보내기
- 상대방의 말에 경청하고 이해하기
- 상대방의 특별함과 장점 찾기

다음은 가치관에 위배된다고 생각하는 행동들이다.

- 다른 사람과 비교하기(상대보다 우월 혹은 열등하다

는 생각)

- 다른 사람 평가하기
- 자신을 드러내고 증명하기

나는 이런 행동을 하고 있다는 생각이 들면 잠시 모든 것을 멈추고 내면에서 무슨 일이 일어나고 있는지 살펴본다.

다음은 용기와 관련해 가치관에 부합한다고 생각하는 행동들이다.

- 직접 대면하기(외부 사건 혹은 내면세계)
- 솔직하게 말하기(다른 사람에게 속마음 솔직하게 말하기, 거절하기, 한계 설정 등)
- 불편한 상황에 대처하기(곤란한 대화에 침묵하지 않고 직접 참여하기)

그리고 다음은 용기라는 가치관에 위배된다고 생각하는 행동들이다.

- 쉽고 간단한 일 선택하기
- 속마음을 솔직하게 이야기하지 않고 다른 사람

의 생각에 맞춰주기

• 직접 대면하지 않고 숨어버리기

이렇게 행동을 구체적으로 적고 나니 앞으로 어떻게 행동해야 할지 더욱 명확하게 알 수 있었다. 핵심 가치관과 구체적인 행동 지침은 우리가 매 순간 어떻게 행동하고 어떤 결정을 내려야 할지 알려주는 중요한 기준이다. 이제 다음 칸에 당신이 선택한 3가지 핵심 가치관을 적고 각각의 가치관에 부합하는 행동은 어떤 것들이 있고, 위배되는 행동을 어떤 것들이 있는지 한번 자세히 적어보기를 바란다.

가치관 1: _____

가치관에 부합하는 행동: _____

가치관에 위배되는 행동: _____

가치관 2: _____

가치관에 부합하는 행동: _____

가치관에 위배되는 행동: _____

가치관 3: _____

가치관에 부합하는 행동: ＿＿＿＿＿＿＿＿＿＿

가치관에 위배되는 행동: ＿＿＿＿＿＿＿＿＿＿

죽음을 앞둔 사람들이
가장 후회하는 5가지

•

　　브로니 웨어는 호주의 작가이자 오랫동안 죽음을 앞둔 환자들을 돌본 간호사다. 그녀는 임종을 앞둔 환자들이 들려준 인생의 후회들을 기록해두었다가 나중에 『내가 원하는 삶을 살았더라면』이라는 책을 썼다.

　　죽음을 앞둔 사람들이 후회하는 5가지는 다음과 같다.

• 남들이 원하는 방식이 아니라 내 뜻대로 한번 살아볼걸

• 일은 적당히 하고 살걸

• 내 감정을 솔직하게 표현하고 살걸

• 친구들과 계속 연락하며 지낼걸

• 더 행복해지도록 노력할걸

　　삶의 마지막 순간을 앞둔 사람들이 인생을 돌아보며 가

장 후회하는 일들은 내가 아닌 남들이 원하는 삶을 살았던 것, 성공을 좇느라 소중한 관계를 잃어버린 것, 감정을 솔직하게 표현하지 못한 것, 친구들과 더 많은 시간을 보내지 못한 것 등이었다. 그들은 익숙하고 안락한 생활에 갇혀 더 행복하게 살지 못한 것을 후회했고, 바꾸려고 노력하지 않고 행복한 척 살았던 것을 후회했다.

물론 사람마다 살아가는 방식이 모두 다르므로 당신의 모든 선택에 옳고 그름을 따질 수는 없다. 그러나 자신의 핵심 가치관을 모른 채 살아간다는 것은 망망대해에서 방향도 모르고 항해하는 것과 같다. 이런 경우 부모님과 사회의 기대, 다른 사람의 가치관이 북극성이 되어 당신의 길을 안내한다. 그리고 인생의 마지막 순간이 되어서야 자신이 그동안 다른 사람의 뜻에 따라 살았다는 것을 깨닫는다.

자신의 핵심 가치관이 무엇인지 명확하게 알고 있다면, 밝게 빛나는 나만의 북극성이 언제나 내가 어디로 가야 하고, 어떤 결정을 내려야 할지 안내해주고, 실패와 역경을 겪은 후에도 가야 할 방향을 분명히 보여줄 것이다.

미국의 심리학자 그레첸 슈멜저 박사는 인생에서 가장 어려운 일이 "좋아", "싫어", "안녕", "잘 가"라는 네 단어를 말하는 것이라고 했다.

'좋아'와 '싫어'는 매일 어떤 삶을 살 것인지, 어떤 일에 시간과 노력을 쏟을 것인지를 결정한다. 어떤 일에 '좋아'라고 대답하면 나머지 일에는 '싫어'라고 말해야 한다. '안녕'과 '잘 가'는 성공과 변화를 향한 중간 지대에 들어갈 수 있는지 여부를 결정한다. 새로운 시작을 할 때는 낯선 일에 '안녕' 하고 인사를 건네는 것도 필요하지만 익숙하고 오래된 일에 '잘 가'라고 인사하며 보내주는 일도 중요하다. 핵심 가치관은 매일 좋아, 싫어, 안녕, 잘 가 중 어떤 단어를 말해야 할지 결정하는 것을 도와준다.

인생은 우리 스스로 통제할 수 없는 일들로 가득하고, 아무도 자신의 인생에 시간이 얼마나 남았는지 알지 못한다. 그러나 남은 인생을 어떻게 살아갈 것인지는 스스로 결정할 수 있다.

지난 1년 동안 아침에 침대에서 일어나자마자 이렇게 말하는 습관을 길렀다.

"새로운 하루를 살게 해주셔서 감사합니다!"

나는 남은 인생을 나의 핵심 가치관에 부합하는 삶을 살기 위해 노력할 것이다. 부디 당신도 그런 삶을 살 수 있기를 바란다.

모든 끝은 새로운 시작이다

얼마 전 함께 공부했던 친구와 전화 통화를 했다. 그 친구는 나처럼 외국인의 신분으로 미국에 살고 있었다. 우리는 지금 하고 있는 일과 팬데믹, 그리고 최근 발생한 일련의 인종차별 사건 등에 대해 이야기를 나눴다.

그 친구가 이렇게 말했다.

"예전에는 무조건 미국에 남아서 일을 해야겠다고 생각했는데 이번에 팬데믹을 겪으면서 인생의 우선순위를 다시 돌아보게 되더라. 그리고 내 미래에 대해 조금 다른 생각을 갖게 되었어."

그가 계속 말했다.

"그런데 가족들은 내가 계속 미국에 남아서 일하기를 원해. 그러면서 내가 애초에 왜 미국에서 공부하기로 결심했는지를 다시 한번 생각해보라고 하더라."

'초심을 잃지 말라'는 말이 있다. 처음에 왜 그 일을 시작하게 되었는지 기억해서 포기하지 말고 계속해야 한다는 의미다. 물론 초심을 잃지 않는 것은 필요한 덕목이다. 그러나 때로는 초심을 잃지 말아야 한다는 말 때문에 발목이 잡히기도 한다. 초심을 지키려는 노력은 때로 과거의 내가 만든 신념과 정체성을 이미 성장하고 변화한 현재의 내가 계속 짊어지고 가야 한다는 것을 뜻하기 때문이다.

"그건 네가 6년 전에 한 결심이었잖아."

내가 말했다.

"6년 전에는 그런 결정을 내렸을지 몰라도 지금은 상황이 또 많이 달라졌잖아. 그때와는 다른 경험과 지혜가 생겼고, 갖고 있는 자원과 생각도 예전과는 완전히 다른 것들이야. 그러니까 그때의 결심과는 별개로 지금 네가 정말로 원하는 것이 무엇인지 다시 한번 생각해볼 필요가 있어."

마음속에서 초심을 잃지 말고 계속해야 한다고 말할 때 잠시 멈춰서 나 자신을 한번 점검해보자. 내가 지금 무엇을 계속해야 하는가? 그 일을 왜 계속해야 하는가?

정체성은 끊임없이 바뀐다

•

사람은 익숙한 생활을 통해 안정감을 느끼기도 하지만 오랫동안 간직한 자기 정체성을 통해서도 안정감을 느낀다. 일부 부정적인 정체성조차도 뇌에서 익숙하다고 판단하면 편안함을 느끼기 때문에 계속 붙잡고 있게 된다.

이제 다음의 질문을 보면서 자신의 정체성에 대해 한번 적어보기를 바란다.

- 당신은 누구인가?
- 당신은 어떤 사람인가?
- 다른 사람은 당신을 어떻게 표현하는가?
- 당신에게 중요한 일은 무엇인가?
- 당신은 무엇을 잘하고, 무엇을 잘 못하는가?

당신이 여기에 적은 정체성은 아마 10년 혹은 20년도 넘게 간직해온 것일 수 있다. 당신은 이러한 정체성을 언제부터 갖고 있었는가? 여기에 묘사한 내용이 정말 당신의 모습인가? 이러한 정체성 때문에 무슨 일을 했고, 무슨 일을 하지 않았는가? 이러한 정체성이 당신이 중요한 결정을 내리는 데 어떤 영향을 췄는가?

그런데 만약 이러한 정체성이 진짜가 아니고, 다른 선택 사항이 있다면 어떤 모습일까?

상담실에서 만난 사람들은 대부분 무언가 바꾸는 것을 굉장히 두려워했는데 중요한 이유 중 하나가 '내가 누구인가'를 바꾸는 것이 두렵기 때문이라고 했다.

"친구나 가족들에게 '너 변했어!'라는 말을 듣는 것이 두려워요."

그들은 새로운 시도를 하고 싶어도 '내가 누구인가'라는 생각에 부합하지 않으면 쉽게 행동으로 옮기지 못한다.

어른들에게는 오랫동안 간직한 신분과 정체성을 바꾸는 것이 결코 쉬운 일이 아니다. '늙은 개에게는 새로운 재주를 가르치지 못한다'는 말이 있다. 그런데 늙은 개는 새로운 재주를 배우지 못하는 것이 아니라 오래된 재주가 너무 익숙해서 놓지 못하고 있는 게 아닐까?

모든 사람들의 자기 정체성은 끊임없이 바뀌고 진화한다. 인생을 살다 보면 계속 새로운 경험, 생각, 감정, 자원 등이 쌓이고 이 모든 것들이 정체성의 진화에 영향을 준다. 예전에 정말 중요하게 생각했던 일들이 지금은 더 이상 중요한 일이 아닐 수도 있다. 이처럼 더 이상 나의 정체성에 부합하지 않는 것들은 과감히 포기할 줄 알아야 한다.

앞에서 적었던 자신의 정체성을 다시 읽어보고 이러한 정체성이 생기게 된 이유에 대해 한번 생각해보자. 이러한 정체성은 나 스스로 만든 것인가? 아니면 부모 혹은 선생님으로부터 주입된 것인가? 당신 스스로 계속 간직해야겠다고 생각한 정체성은 무엇인가? 태어날 때부터 나의 의지와 상관없이 간직해온 정체성은 무엇인가? 당신이 속한 사회와 문화에 따라 생긴 정체성은 무엇인가? 그리고 무엇보다 중요한 문제는 이것이다. 이러한 정체성이 현재 당신의 모습에 부합하는가?

오늘의 당신은 자신이 누구인지, 어떤 정체성을 갖고 살아갈지 새롭게 결정할 수 있다. 그리고 내일의 당신은 어제의 나를 돌아보며 어떤 정체성을 포기하고 어떤 정체성을 새롭게 가져올지 생각해봐야 한다.

자기 정체성은 끊임없이 변하는 것이다. 내가 변할까 봐 걱정하기보다 아무것도 변하지 않는 것을 걱정해야 한다. 변하지 않았다는 것은 성장하지 않았다는 의미고, 그것은 당신의 삶이 멈췄다는 뜻이기도 하니까.

심리학자 라벤나 헬슨은 120여 명의 여성들이 성장하는 과정을 무려 50년 동안 추적하며 그들의 특징을 관찰했고, 그들 중 대부분이 60세에서 70세 사이에 많은 긍정적인 변화와 성장을 이루었다는 사실을 발견했다. 헬슨은 자신을 바꾸는 일에 절대로 늦은 때란 없다고 말했다. 60세가 넘어서도 충분히 자신이 원하는 모습으로 살아갈 수 있다.

얼마 전 메이 머스크의 자서전을 읽었다. 메이 머스크는 세계적으로 유명한 창업가 일론 머스크의 어머니이자 영양사이고 모델이다. 올해 72세인 메이 머스크는 여전히 모델로 활동 중이다. 그녀는 자신의 인생이 해를 거듭할수록 흥미로워지고 있으며 나이가 들수록 더 행복하다고 말한다. 그녀는 SNS에도 '72세는 멋지다(#ItsGreatToBe72)'라고 적어놓았다.

메이 머스크는 한때 가정 폭력 등 여러 가지 시련과 좌절을 겪었지만 지금은 누구보다 활기찬 삶을 살고 있다. 그녀의 모습을 보면서 지금 내 나이가 몇 살이든, 인생의 어떤 단계에 있든, 과거에 어떤 시련을 겪었든 나 자신을 변화시키고 내가 원하는 모습으로 살아갈 수 있다는 것을 믿게 되었다. 다시 시작하겠다는 의지만 있으면 된다.

다시 한번 항해를 시작하다

•

우리는 각자의 인생을 항해하고 있다. 나는 이 책을 통해 잠시나마 독자들의 항해에 동참할 수 있었다는 것을 큰 영광으

253

로 생각한다.

앞으로의 인생에 어떤 일이 펼쳐질지 예측할 수 있는 사람은 아무도 없다. 그러나 우리 모두는 스스로의 항로를 결정하는 선장이고, 자신이 결정한 방향으로 나아갈 수 있다. 당신의 가치관은 북극성이고 당신의 감정과 느낌은 나침반이다. 내면의 감정이 전달하는 정보에 귀를 기울이면 내가 무엇을 좋아하고, 무엇을 좋아하지 않는지, 내 인생에서 중요한 것이 무엇인지, 앞으로 어디로 가야 할지 알 수 있다.

인생의 항해를 하다 보면 실패와 상실 등 갑작스러운 폭풍우를 만날 때가 있다. 세찬 폭풍우가 몰아칠 때는 항해의 속도를 줄이고 자신의 내면에 더욱 귀 기울여야 한다. 또한 사람과 사람 사이의 진실한 연결은 폭풍우를 잠시 피할 수 있는 안전한 항구다. 자신이 신뢰하는 사람들에게 기대어 잠시 배를 정박하고 쉬어가도 괜찮다.

배가 항구에 머물러 있으면 안전하고 편안하다. 하지만 배는 원래 항해를 하기 위해 만들어진 것이다. 물론 배에 필요한 물건을 조달하고 정비하기 위해서는 항구에 잠시 쉬었다 가야 할 때가 있다. 그러나 준비를 마치면 다시 항해를 떠나야 한다.

마찬가지로 살면서 어떤 시련이 닥치든 항구에서 충분히 휴식을 취했다면 이제 다시 항해를 떠나야 한다. 저 멀리 미지의 세상으로 다시 나아가 새롭게 도전하고 탐색하면서 또 다른 폭풍우를 맞이할 준비도 해야 한다.

몇 차례의 폭풍우가 닥쳐도 다시 항해를 떠날 수 있는 힘이 바로 회복력이다. 프랑스의 작가 마르셀 프루스트는 이렇게 말했다.

"진정으로 무엇인가를 발견하는 여행은 새로운 풍경을 찾는 것이 아니라 새로운 안목으로 사물을 바라보는 것이다."

모든 실패와 좌절은 자신을 한층 더 성숙하게 변화시키고 새로운 안목을 가질 수 있게 도와준다. 이로써 새로운 항해를 떠날 때마다 새로운 안목으로 세상을 바라보게 된다.

지금 이 책을 읽고 있는 당신의 항해는 어떤 상태인가? 잔잔한 바다에서 순항하는 사람도 있고, 거센 폭풍우 속에 있는 사람도 있고, 항구에 잠시 정박해 있는 사람도 있을 것이다. 그리고 다시 항해를 시작해 앞으로 무슨 일이 일어날까 긴장된 마음을 안고 망망대해로 나아가는 사람도 있을 것이다. 당신이 지금 어떤 상황에 있든 이 책을 통해 힘을 얻고 또 한번 다시금 항해를 시작할 수 있기를 바란다.

나는 모든 사람에게 회복력이 있다고 믿는다. 회복력은 우리 마음속에 있으며 자신의 내면을 조금만 자세히 들여다보면 누구나 찾을 수 있다.

최근에 심리학자 테마 브라이언트 데이비스 박사가 쓴 글을 읽고 큰 감명을 받았다. 나는 그녀의 글을 이곳에서 여러분과 나누고 싶다.

"상처받은 마음은 다시 사랑할 수 있고, 이루지 못한 꿈은 다시 이룰 수 있으며, 초조하고 불안한 마음은 다시 평온을 되찾을 수 있다. 모든 끝은 새로운 시작을 의미한다."

오래된 것이 떠나가고 사라지면 새로운 것이 탄생하기 마련이다. 당신은 다시 한번 시작할 준비가 되었는가?

"상처받은 마음은 다시 사랑할 수 있고,

이루지 못한 꿈은 다시 이룰 수 있으며

초조하고 불안한 마음은 다시 평온을 되찾을 수 있다.

모든 끝은 새로운 시작을 의미한다."

에필로그

회복력이 언제나 당신과 함께하기를

이 책을 쓰게 된 계기는 팬데믹 때문이었다. 팬데믹 기간에 수많은 사람들이 실패와 좌절을 겪으며 혼란에 빠지는 모습을 직접 볼 수 있었고, 이 책을 통해 회복력을 키워 그들이 역경을 잘 헤쳐나갈 수 있기를 바랐다.

그런데 이 책을 쓰면서 정작 가장 많은 영향을 받은 건 바로 나 자신이었다. 책을 쓰기 위해 자료 조사를 하고, 강의를 듣고, 주변 사람들을 인터뷰하면서 정말 많은 것을 깨달았고 이는 스스로 변할 수 있는 계기가 되었다.

이 책을 쓰는 몇 달 동안 그전에는 할 수 없다고 생각했던 여러 가지 일들을 해낼 수 있었다. 나에게 맞지 않는 정체성을 과감히 버리고, 다른 사람에게 내 마음을 솔직하게 표현할 수 있는 용기를 갖게 되었으며, 실패와 도전을 바라보는 시각도 달라졌다. 불확실성과 미지의 세계를 끌어안을 수 있는 용기가 생겼고, 나에게 중요한 가치관이 무엇인지 명확하게 알게 되었으며, 그동안 알지 못했던 나의 모습을 발견하고 예전과는 다른 방식으로 자기 자신을 사랑하게 되었다. 나는 이 책을 쓰면서 정말 많이 변했다. 스스로 정말 놀랄 정도로.

예전에 어떤 책에서 이런 문장을 읽은 적이 있다.

"작가는 자신이 배우고 싶은 것을 글로 쓴다."

이 책을 완성하고 보니 이 문장이 더욱 와닿는다. 그렇다. 회복력은 그 누구보다 나에게 필요한 것이었다. 이 책이 누군가에게 도움이 될 수 있을 거라고 생각했는데 가장 큰 도움을 받은 사람은 바로 나였다.

나는 전문가가 아니라 여전히 많은 것을 배우고 있는 학습자다. 그리고 글쓰기는 나의 배움의 방식 중 하나다. 내가 쓴 글을 통해 많은 사람들이 공감하고 변화하는 계기를 얻을 수 있기를 바란다.

나 자신과의 관계를 바로잡기

●

이 책을 쓰면서 가장 많이 바뀐 점은 바로 나 자신과의 관계다.

팬데믹이 시작되면서 학교에서 내가 맡고 있던 강의가 모두 온라인 수업으로 변경되었다. 처음 온라인 수업을 시작했을 때는 하루 종일 화면 앞에 앉아 있다 보니 수업이 끝나고 나면 두통에 시달렸다. 첫 주 수업이 끝나고 나는 이 상황이 생각보다 오래 지속될 것이라는 사실을 깨달았다. 그리고 이 수업 형태를 계속 유지하려면 먼저 내 체력을 길러야겠다고 생각했다.

사실 예전에는 내 몸이 보내는 신호에 크게 귀를 기울이지 않았다.

'우선 바쁜 일을 해결하는 것이 더 중요해. 두통은 약을 먹으면 사라질 거야.'

나에게는 일을 끝내는 것이 훨씬 더 중요했다. 그렇게 몸에 피로가 계속 쌓이게 놔두었고 정말 참을 수 없는 고통이 찾아왔을 때 그제야 하던 일을 멈추고 잠시 휴식을 취했다. 규칙적으로 운동하고 최대한 건강한 음식을 챙겨 먹으려고 노력했지만 이것은 그저 형식적인 자기 관리에 불과했다. 습관을 실천하는 것으로 '자기 관리를 잘하고 있다'고 스스로를 위로하고 싶었던 것뿐이다. 정작 중요한 때는 내 몸이 무엇을 원하는지, 무엇을 이야기하고 있는지 몸이 보내는 신호에 전혀 귀 기울이지 않았다. 나는 스스로에게 나의 감정은 중요하지 않다고 말하고 있었다. 이 사실을 깨달은 나는 온라인 수업을 시작하게 되면서 다짐했다.

'이 기간을 무사히 보내려면 체력이 무엇보다 중요해. 지금부터라도 나를 아끼고 사랑해주자.'

그때부터 몸이 보내는 신호에 귀를 기울였다. 어떤 감정이 느껴지는지, 어떤 도움이 필요한지, 호흡과 자세는 어떤지 자세히 살펴봤다. 그리고 몸이 조금이라도 불편하면 하던 일을 멈추고 물도 마시고 스트레칭도 하면서 잠시 휴식을 취했다.

이 습관이 몸에 익자 내 몸은 아주 오래전부터 나와 항상 함께 있었다는 사실을 깨달았다. 기쁘고, 슬프고, 상처받고, 실망했던 그 모든 순간에 내 몸은 나와 함께 있었다. 나에게 무슨 일이 있든 내 몸은 언제나 커다란 그릇을 들고 서서 내 모든 감정과 생각을 받아주고 있었다.

예전에 나는 늘 뭔가 마음에 들지 않는다는 눈빛으로 내몸을 바라보곤 했다. 그런데 이번에는 내 몸에 진심으로 고마움을 느꼈다. 지금껏 나와 함께 그 많은 일들을 묵묵히 견뎌줘서 정말 대견하고 고마웠다. 사람의 몸은 각자 다른 모습과 형태를 갖고 있지만 무슨 일이 있어도 자신의 곁을 묵묵히 지킨다는 점에서는 모두 같다.

이 책을 쓰면서 나 자신을 더욱 잘 이해하게 되었고 나와한층 더 가까워진 것을 느낀다. 회복력은 무슨 일이 일어나든 나

에필로그

를 단단히 지탱해줄 내 몸이 있고, 나의 모든 감정을 받아줄 커다란 내면이 있다는 사실을 이해하는 것이라고 생각한다.

인생의 길 위에서 얼마나 많은 사람을 만나든 결국 마지막에는 나 자신만 남을 뿐이다. 실패하고 좌절했을 때 느끼는 괴로움은 오직 나만이 알아차리고 느낄 수 있다. 그러니 이렇게 가장 오랜 시간 나와 함께 있어주는 나 자신을 세심하게 돌보고 아껴줘야 마땅하다.

시련과 역경에서도 배우고 성장한다

•

이 책에는 어떻게 하면 회복력을 키울 수 있는지에 관한 내용이 담겨 있다. 회복력은 우리 몸 안에 존재한다. 내가 어떤 감정을 느끼고 있는지 자각하고 감정과 공존하며 몸의 상태를 알맞게 조절할 수 있을 때 회복력이 나타난다. 회복력은 우리 머릿속에도 존재한다. 꽉 막힌 사고방식을 자각하고 조금 더 유연하게 실패와 좌절을 바라볼 때 회복력은 모습을 드러낸다. 또한 회복력은 인간관계에도 존재한다. 서로 진실하게 연결되고, 다른 사람에게 취약성을 드러낼 수 있을 때 회복력이 생긴다. 무엇보다 회복력은 인생에서 마주친 시련과 역경에서 무언가를 배우고 앞으로 계속 나아갈 때 생겨난다.

모든 사람에게는 회복력이 있고, 인생의 항해 중에 만나는 폭풍우에 맞설 수 있는 충분한 힘이 있다. 회복력은 언제나 우리 안에 있다. 자신의 내면세계로 들어가 내면의 힘과 자원을 찾아내기만 하면 된다.

2020년 팬데믹을 계기로 지구상의 모든 사람들이 이렇게 가깝게 연결되어 있었다는 사실을 다시 한번 깨달았다. 나는 나이기도 하고 우리이기도 하다. 즉 너를 돌보는 것이 곧 나를 돌보는 것이고, 지구를 돕는 것이 곧 나를 돕는 것이다. '나'라는 개념은 나 자신에게만 존재하는 것이 아니라 내가 연결되어 있는 무리에도 존재하고 지구에도 존재한다. 이번 팬데믹 역시 서로 연결되어 있다는 개념에서 방역을 실시해야 성공할 수 있다는 것을 보여줬고, 나 혼자만 괜찮으면 되는 것이 아니라 다른 사람들, 특히 고위험군에 속한 사람들을 함께 보호해줘야 나도 보호할 수 있다는 사실을 알려줬다.

그러므로 이제부터는 이러한 개념으로 세상을 살아가는 연습을 해야 한다. 어떤 결정을 내릴 때 이 결정이 나에게 어떤 영향을 줄 것인지 뿐만 아니라, 나의 행위가 다른 사람들에게는 어떤 영향을 줄 것인지, 또 우리 지구와 후손들에게 어떤 영향을 끼칠 것인지도 함께 생각해야 한다. 이런 생각으로 세상을 살아갈 때 우리 앞에 발생하는 일들을 바라보는 관점도 달라질 것이다.

마음 감옥에서 탈출하는 방법

●

이 책을 쓰는 내내 에스더 페렐이 말한 2가지 유형의 사람에 대해 계속 생각했다. 첫 번째 유형은 강제 수용소에서 살아남은 이후 '죽지 않은 사람'으로 살아가는 사람들이고, 두 번째 유형은 '다시 살아 돌아온 사람'으로 살아가는 사람들이다.

이번 팬데믹은 세상에 예측할 수 없는 일들이 얼마나 많이 일어나며, 인간은 얼마나 취약한 존재인지 보여줬다. 하지만 선조들의 회복력이 지금의 우리를 이 세상에 존재하게 했듯, 우리의 회복력도 다음 세대로 이어져 그들을 지켜줄 것이다. 과거에 얼마나 큰 시련을 겪었든 회복력이 있었기에 지금 이 순간 이곳에 살아있는 것이다.

이제 어떤 방식으로 살아갈 것인지 결정하기만 하면 된다. '죽지 않은 사람'으로 살아갈 것인가? 아니면 '다시 살아 돌아온 사람'으로 살아갈 것인가?

최근에 에디트 에바 에거 박사의 『선물』이라는 책을 읽었다. 아흔 살이 넘은 에거 박사는 유태인 강제 수용소의 생존자다. 그녀는 열여섯 살에 아우슈비츠 수용소에 끌려갔고, 부모님과 남자친구가 모두 수용소에서 사망했다. 에거 박사는 수용소에서 해방된 이후 20년간 누구에게도 수용소에서의 일을 이야기한 적이 없다고 말했다. 생존 죄책감은 내내 그녀를 괴롭혔다. 혼자만 살아남았다는 죄책감에 살아 있어도 결코 행복할 수 없었다. 수용소에서 해방된 지 30년 뒤 에거 박사는 아우슈비츠 수용소를 찾아가 자신의 상처와 마주했다.

에거 박사는 한 인터뷰에서 이렇게 말했다.

"히틀러가 있고 없고는 중요하지 않았어요. 제 마음이 곧 강제 수용소였으니까요. 저는 20년 동안 제 마음을 그곳에 꽁꽁 가둬두었습니다. 세상에서 가장 큰 수용소는 바로 우리 마음속에 있습니다. 그리고 그곳의 문을 열 수 있는 열쇠도 바로 우리에게 있죠."

어쩌면 당신은 과거에 겪었던 일 때문에 마음 감옥에 오랫동안 수감되어 있는 중일지도 모른다. 스스로를 창피하게 생각하고, 사랑받을 자격이 없는 한심한 사람이라고 생각하고, 더 이상 아무도 신뢰하지 못하고, 도전이 두렵고, 나에게 상처 준 사람에 대한 분노가 내면에 가득할 수도 있다. 이러한 부정적인 감정들로 인해 우리는 마음 감옥에 갇혀 빠져나오지 못하는 것이다.

하지만 마음만 먹는다면 감옥에서 벗어날 수 있다. 감옥의 문을 여는 열쇠가 바로 내 안에 있기 때문이다. 자신의 내면으로 들어가 열쇠를 찾아 문을 열고 마음 감옥에서 걸어 나오는 것, 그리고 다시 새로운 삶을 살아가는 것, 이것이 바로 회복력이다.

부디 당신에게 남아 있는 인생의 모든 시간 동안 다시 살아 돌아온 사람으로, 당신만을 위한 멋진 삶을 살아가길 바란다.

옮긴이 **이지수**

중앙대학교 국제대학원 한중 전문통번역학과를 졸업하고 현대자동차에서 전문 통번역사로 일
했다. 문학, 인문, 실용, 아동서 분야의 전문 번역 작가로 원서의 배경과 문화를 잘 살피면서도 우
리 작가의 글처럼 자연스럽게 읽혀야 한다는 생각으로 번역에 임하고 있다. 현재는 번역 에이전
시 엔터스코리아에서 출판기획 및 중국어 전문 번역가로 활동하고 있다. 주요 역서로는 『어떻게
살아야 할지 막막한 너에게』 『성장을 꿈꾸는 너에게』 『수학책을 탈출한 미적분』 『착하게 살았다면
큰일 날 뻔했다』 『나는 오늘부터 내 감정에 지지 않기로 했다』 『기질 속에 너의 길이 있다』 『내 인
생 내버려 두지 않기』 『사소한 것들로부터의 위로』 『나만의 무기』 등이 있다.

회복력 수업

초판 1쇄 발행 2021년 9월 10일
초판 4쇄 발행 2022년 6월 27일

지은이 류페이쉬안 **옮긴이** 이지수

발행인 이재진 **단행본사업본부장** 신동해
책임편집 이혜인 **디자인** 말리북
마케팅 최혜진 최지은 **홍보** 최새롬 **제작** 정석훈

브랜드 갤리온
주소 경기도 파주시 회동길 20
문의전화 031-956-7208 (편집) 031-956-7127 (마케팅)
홈페이지 www.wjbooks.co.kr
페이스북 www.facebook.com/wjbook
포스트 post.naver.com/wj_booking

발행처 ㈜웅진씽크빅
출판신고 1980년 3월 29일 제406-2007-000046호

ISBN 978-89-01-25252-0 03180

• 갤리온은 (주)웅진씽크빅 단행본사업본부의 브랜드입니다.
• 책값은 뒤표지에 있습니다.